häfelinger+wagner
design

TA-10038 hw.design gmbh
Türkenstraße 55 – 57
80799 München

D1719119

Big ideas for small stands

Ingrid Wenz-Gahler

Big ideas for small stands

Erfolgskonzepte für kleine Messestände

VERLAGSANSTALT
ALEXANDER KOCH

© 2002 by Verlagsanstalt Alexander Koch GmbH, Leinfelden-Echterdingen

Das Werk einschließlich aller seiner Teile ist urheberrechtlich geschützt. Jede Verwertung außerhalb der engen Grenzen des Urhebergesetzes (auch Fotokopien, Mikroverfilmung und Übersetzung) ist ohne Zustimmung des Verlages unzulässig und strafbar. Dies gilt auch ausdrücklich für die Einspeicherung und Verarbeitung in elektronischen Systemen jeder Art und von jedem Betreiber.

Typografie und Herstellung
Schack Verlagsherstellung, Dortmund

Druck & Verarbeitung
Karl Weinbrenner & Söhne GmbH & Co., Leinfelden-Echterdingen

Bestellnummer: 648

ISBN 3-87422-648-4

Inhaltsverzeichnis

7   Kleine Messestände sind eine große Herausforderung
    Vorwort von Wolf M. Spryß, Messe-Institut Laubenheim

9   Die Idee zu diesem Buch

11 Big Ideas for small stands oder Erfolgskonzepte für kleine Messestände
    11 Was leistet der Messestand?
    14 Konzeption
    16 Unternehmensanliegen und Standarchitektur
    18 Standplanung

1. Präsentation des Unternehmens

26 mbco Messe Bauer – Frühlingshafte Firmentransparenz
28 Alupak – Bionische Raumwelle
30 KPMG – Interferenzeffekt
32 Candle – Lichtwechsel hinter Lamellen
34 Monti Crawatte – Starke Lichtkuben
36 Metzler Design Brillen – Helles Lifestyleflair
38 Interface – Teppichbühne
40 Indian Motorcycle – Feuerstuhl-Legende
42 boo.com – Mode-Logo im 3D-Format
44 Goldhelm – Witzige Fensterbilder
46 Swisscom – Telekommunikation in Natura
48 Novartis (Ciba) – Grafische Eleganz für Gentechnik
50 hmi-Informatik – Signethaft
52 Capricorn – Hightech Firmenwerte
54 Systemfabrik – Erkundungstower
56 LK Lichtdesign – Lichtbögen
59 Kappa Packaging – Inselwelt
62 Amadee – Orchesterprobe
64 Palladium – Typisch Shopping Mall
66 Eberhard – Waschsalon für Altlasten
68 ePropose – Elektronische Energie
70 Altola – Son/der/ab/fall

2. Präsentation von Produkten und Dienstleistungen

75 Love Plates – Glasteller-Spiel
78 Mascioni – Stoffliche Entscheidung
80 Lignatur – Spannweite
82 Seiko – Titan-Plastik

84	Rotring – Rote Arkade
86	Koleksiyon – Farbig eingerahmt
88	Mono – Schwarz-Blaue Tischkultur
90	Wild + Küpfer – Granitverstecke
92	Schüschke – Waschtische zum Abheben
94	ComputerBild – Informationen aus dem All
96	Heggenstaller/Lignatur – Holzplastik à la Mondrian
98	Kunzweiler – Lichtvoller Freischwinger
100	Kalamazoo – Auto-Visionen
102	Wallmedien – Softline-Visionen
104	Bisazza – The Great Wave
106	Leonardo – Wasser für die Sinne
108	Aventis – Glowing Bones
110	Parx – Entspannung im Schaukelstuhl
112	Heuger Blumen – Blumen Blow Up
114	Moormann – Nomadic Furniture
116	Ramlau + Siebert – Farbverläufe
118	Electra Zelluce – Tempel-Licht
120	LFF – Licht-Garage

3. Kommunikation mit den Kunden

124	Jordan Mozer – Raumplastik für Schmunzelmöbel
126	Anastassiadis – Sinnlich-wohnliche Office Solution
128	ET-Team – Freisitz
130	Rhenus Lub – Natur-Produkt
132	Rutenbeck – Augen auf für die Telekommunikation
135	Sound + Light – Sound-Laterne
138	Viviance – Farbrange zum Lernen
140	Profidata – Clubatmosphäre
142	BW Bank – Schwarz-Rote Brokerlounge
144	m+a Verlag – The Red Connection
146	Waltham – Produktfarben auf poppigen Polstern
148	Neue Zürcher Zeitung – Kontaktbörse
150	Ceramic Tiles – Ferrari-Rot für Fliesenausstellung
152	Content Management – Coole Transparenz
154	Together Soft – Kommunikatives Farbspiel
156	DNS – Gebaute Werbung
158	Entory – Oase der Entspannung
161	FormBar – Formbare Wohnlandschaft
164	Aqualounge – Visionäre Wasserwelt
166	Lattenhöhle – Raumstruktur mit Licht und Ton
168	Literatur & Weiterbildung
169	Index – Adressen: Aussteller, Architekten, Designer, Agenturen, Messebauunternehmen

Kleine Messestände sind eine große Herausforderung
Vorwort

Dass Messen so lebendig sind, so vielfarbig, ist der Verdienst tausender kleiner und mittelständischer Aussteller, die »ausgerichtet an ihren Budgets« meist mit wenigen Quadratmetern Ausstellungsfläche auskommen (müssen). Da erleben Besucher ganz pfiffige »Auftritte«, fühlen sich angezogen. Aber das könnte noch öfter sein. Die knappe Ressource Aufmerksamkeit zu gewinnen, ist vorrangig keine Frage des Etats, sondern eine Denk- und Gestaltungsaufgabe. Den Messebesuchern mit wenigen Elementen eine Geschichte zu erzählen, sie zu überraschen, sie einzustimmen und nicht mit viel zu vielen Exponaten »außenvorzulassen« ist gefordert.

Wie es gehen kann, zeigt dieses »Bilderbuch«. Stände, die Firmenpersönlichkeiten transportieren, Bühnen, die Emotionen ansprechen und einladen mitzumachen. Beispiele, gedacht als Anregungen. Denn nichts ist so gut, als dass es nicht noch besser werden könnte.

Wolf M. Spryß, Messe-Institut, Laubenheim
www.messe-institut.de

Die Idee zu diesem Buch

Die Entscheidung dieses Buch zu machen erwuchs aus unzähligen Besuchen auf Messen und Messeseminaren, vor allem aber aus meiner Arbeit als Messejournalistin für deutschsprachige Messefachzeitschriften, aus denen ich die Erkenntnis zog, dass die meisten Aussteller über kleine Messestände verfügen. Nach den Statistiken der Messeverbände und Messegesellschaften haben über 95 % aller Aussteller eine Ausstellungsfläche von weniger als 50 qm – teuer bezahlte Flächen, die in der Praxis ihre Möglichkeit als vielseitigstes Marketinginstrument in keiner Weise ausnutzen. Die meisten dieser kleinen Stände sind langweilige, unscheinbare Plätze, überfüllt mit Produkten und Grafiken ohne eindeutiges CI oder erkennbares Anliegen, warum diese Unternehmen eigentlich auf die Messen gehen. Ganz zu schweigen von einem Erscheinungsbild, das nachhaltig in Erinnerung bleibt. In der Praxis sind es sicher die wenigsten Unternehmen, die mit einem unscheinbaren Stand große Verkaufs- oder Besuchererfolge erzielen und das deshalb, weil sie in der Messevor- und -nachbereitung ein gut durchdachtes Konzept verfolgen, das genaue Zielgruppenkenntnis voraussetzt. Angesichts der immer ähnlicher werdenden Produkte im Konsumgüterbereich, einem unüberschaubaren Angebot an Industrieprodukten, deren Unterschiede und Nutzen oft schwer zu erkennen sind und vor allem einer wachsenden IT- und Dienstleistungsbranche, deren Produkte in keiner Weise im üblichen Sinne »ansehbar« sondern in höchstem Maße erklärungs- und beratungsbedürftig sind, ist es unbedingt notwendig, dass sich gerade Aussteller auf kleinen Flächen bemerkbar machen.

Wer hat kleine Messestände?

Kleine Stände sind nicht einfach nur mit kleinen Unternehmen gleichzusetzen. Kleine oder kleinere Messestände haben häufig Unternehmen, die auf sehr vielen Messen vertreten sein müssen, mit einem größeren Stand auf eine wichtige Leitmesse gehen und auf vielen Regional- oder Auslandsmessen »kleiner« erscheinen können. Andere Unternehmen, wie z.B. aus der Pharma- oder auch Finanzindustrie, müssen auf zahlreichen Kongressen und Spezialveranstaltungen vertreten sein, mit einem Messestand, der äußerst flexibel ist und dennoch das ganze Unternehmen widerspiegelt. Und natürlich gibt es gerade in der neuen IT-Branche Firmen, die aufgrund ihres Angebotes gar keinen großen Stand benötigen. Zu dieser Kategorie zählen auch viele Verbände und Dienstleistungsunternehmen, die auf Messen einfach als Kontaktbörse präsent sein müssen. Daneben gibt es Unternehmen, die zur Abdeckung eines Spezialgebietes oder speziellen Produktbereiches neben ihrem Hauptstand einen weiteren kleinen Stand anmieten, oder aber Unternehmen, die erst einmal mit einem kleinen Stand eine neuen Messe oder einen neuen Markt abtesten. Und schließlich ist natürlich auch Kostenersparnis ein Grund für einen kleinen Messestand.

Den kleinsten Messestand Deutschlands dürfte ganz sicher die *Geizkragen.de AG* haben, ein Unternehmen, das nur im Internet auftritt und dort mit über einer Million Besuchern pro Monat eine der größten Verbraucher-Seiten ist. Auf der *Internet-World* tritt das sparsame Unternehmen mit einer ein Quadratmeter großen roten Telefonzelle live in Erscheinung, um seine User persönlich kennen zu lernen. Und ein Konzept dazu gibt es auch: Die schottische Comic-Figur der Website lieferte die Idee zur englischen Telefonzelle und dem schottischen Outfit des Inhabers. Doch das sparsame Unternehmen ist hochaktuell, verfügt in der Telefonzelle über ein Laptop, verteilt seine Abstauber-Tragetüten mit Messegeschenken und abends gibt's noch ein buntes User-Treffen in Berlin. Das alles bei einem Quadratmeter. Die Idee hat mir Mut gemacht.

Um welche Messestände geht es?

Für dieses Buch habe ich mit Designagenturen, Architekten, Designern, Lichtgestaltern und Messebauunternehmen Kontakt aufgenommen aber auch mit Unternehmen, von denen ich wusste, dass sie mit kleineren Messeständen nach außen gehen.

Von den über 60 Fallbeispielen stammen 9 Stände von Konsumgüterherstellern, 20 sind Produzenten von Industriegütern, 15 Messestände sind Beispiele von IT- und Medien-Herstellern und 17 kommen aus dem Dienstleistungsbereich.

Hinsichtlich der Größenbeschränkung habe ich versucht, so viele kleine Stände unter 50 qm wie möglich zu finden. Da die Anzahl der herausragenden Messeauftritte in dieser Größenordnung jedoch begrenzt ist, habe ich mich an den Kategorien für den *AdaM Award* für Ausgezeichnete Messestände des *Famab* orientiert, bei dem kleine Stände bis zu einer Größe von 150 qm angesehen werden, um möglichst viele Anregungen für kleine Messestände zusammenzustellen. Dass kleine Messestände bei Ausstellern, Gestaltern und auch Messebauunternehmern nicht immer den angemessenen Stellenwert erhalten, wurde an fehlenden Grundrissen und begrenztem Bildmaterial deutlich. Überraschend war, dass für modulare Stände, die auf kleinen und großen Standflächen aufgebaut werden können, ein eigentlicher Entwurf offenbar nur für die große Vorzeigeversion entwickelt wurde. Die kleinen Stände werden meist aus Fragmenten oder »Abfallprodukten« des großen Standes gebaut. Bei einigen Firmen ist hier bereits ein Umdenkungsprozess im Gange.

Alle Beispiele in diesem Buch zeigen, dass es unzählige Möglichkeiten gibt, mit einem kleinen Stand aufzufallen, das Unternehmen in vielfältigster Form darzustellen, auf Produkte und Leistungen aufmerksam zu machen und auch gezielt Kunden zu empfangen.

Marketingkonzept und Designidee

Um die Messestände in ihrer Idee nachvollziehen zu können, stelle ich von allen sowohl das Marketingkonzept als auch die Designidee vor. Im Konzept wird deutlich, um welche Art Unternehmen es sich handelt und welche Zielgruppe es auf der Messe mit welchem Anliegen erreichen will. Das Designkonzept hingegen gibt die gestalterische Idee wieder, mit der diese Unternehmensanliegen baulich übersetzt wurden. Das ermöglicht dem Leser selbst zu überprüfen, inwieweit dieses Vorhaben gelungen ist. Jedes Beispiel wurde mit Farbfotos und mit einem Grundrissplan erläutert. Zusätzliche Materialangaben sollen die Ideen vorstellbar machen.

Mit diesem Buch möchte ich Messeverantwortlichen von ausstellenden Unternehmen, Werbern und Konzeptionern, Architekten, Designern, Lichtgestaltern und Messebauunternehmern Ideen und Anregungen an die Hand geben, wie sie auch kleine Messestände zu einem erfolgreichen Unternehmensauftritt machen können.

Ingrid Wenz-Gahler

Big Ideas for Small Stands
oder Erfolgskonzepte für kleine Messestände

Was leistet der Messestand?

Der Messestand als temporärer Firmensitz

Ob Messestände groß oder klein sind – alle haben sie die Aufgabe, für kurze Zeit ein Unternehmen zu beherbergen, ihm die Möglichkeit zu geben, in einem bestimmten Markt bereits vorhandene oder gewünschte Kunden zu treffen, Käufe vorzubereiten oder abzuschließen. Die Darstellung oder Präsentation auf dem Stand beinhaltet, sich als Unternehmen vorzustellen mit seinen Werten, seinem Corporate Image, seinem Produkt- oder Leistungsangebot und seinem Personal, das das Unternehmen trägt und vertritt. Und da es in unseren gesättigten Märkten kaum mehr sinnvoll ist, das gesamte Sortiment auszubreiten und die meisten Messebesucher auch gar nicht die Zeit haben, länger als einen Tag auf einer Messe zu verweilen, muss ein Aussteller Schwerpunkte setzen in dem, was er seinen Kunden mitteilen möchte.

Das kann eine grundsätzliche Vorstellung des Unternehmens sein, um sich bekannt zu machen, eine Herausstellung bestimmter Werte, ein neues Produkt oder der Hinweis auf ein sehr differenziertes Sortiment. Manchmal geht es darum, eine Produktentwicklung zu testen oder auf neue Dienstleistungen hinzuweisen. Und natürlich gibt es auch Fälle, in denen ein Aussteller einfach präsent sein muss, um für seine Kunden als Gesprächspartner zur Verfügung zu stehen und die bestehenden Geschäftsverbindungen zu festigen.

Wer das Ziel kennt, findet auch den Weg

Jeder Aussteller sollte für sich klären, warum er auf eine Messe geht und mit welchem Anliegen er seine Kunden ansprechen möchte. Dieses Anliegen ist Voraussetzung für die Entwicklung eines Standkonzeptes aus Ausstellersicht und Basis für die Planungsarbeit des Designers oder Architekten, der den Messestand in eine bauliche Form übersetzen muss. Gerade Aussteller von kleinen Messeständen sollten sich sehr genau überlegen, welche Besucher sie auf dieser Messe treffen möchten und wie diese angesprochen und interessiert werden können, um zu Kunden zu werden. Genaue Zielgruppen-Kenntnis ist hier absolute Voraussetzung, um die wenigen Quadratmeter so effektiv wie möglich zu gestalten und während der Messe zu betreuen.

Was soll ein kleiner Messestand leisten?

Genau genommen soll ein kleiner Messestand mit 6 qm genauso viel leisten können wie ein großer Stand. Es soll möglich sein, das Unternehmen darzustellen, so wie es ist mit all seinen Werten, seinem CI, seiner Tradition oder seinem Pioniergeist. Auf dem Stand müssen Produkte oder Dienstleistungen präsentiert werden können und die Möglichkeit bestehen, mit Kunden ins Gespräch zu kommen mit dem Ziel, einen Verkauf vorzubereiten oder abzuschließen.

Grundregeln

1. Aufmerksamkeit

Um den Aussteller überhaupt wahrzunehmen, in der großen Messehalle zu finden, sollte der Stand etwas haben, das neugierig macht und den Besucher veranlasst, den Stand zu betreten.

Ein Beispiel hierfür ist der Stand von *Indian Motorcycles* (Seite 40) mit seiner großen, plakativen roten Wand, der American Diner Bar und Softline-Formen der 50er Jahre. Es ist ein Stand, der sich völlig nach außen hin öffnet, alle Informationen preisgibt und mit einer offenen Geste die Besucher willkommen heißt und sogar an die Bar einlädt.

Ganz anders ist der Messestand des Leuchtenunternehmens *LFF* (Seite 120), der durch seine geschlossene Front aus Trapezblechen dazu veranlasst, einen Blick dahinter in diesen Stand zu werfen, der von außen eher einer Garage ähnelt denn einem Unternehmen für elegante Objektleuchten. Der Wunsch hineinzuschauen, führt den Besucher auch direkt nach innen, wo er vom Standpersonal aufgefangen werden kann.

2. Wiedererkennung

Ist das Unternehmen bereits bekannt, ist es wichtig, mit dem Stand erkannt zu werden – einen Wiedererkennungswert zu schaffen. Das kann mit Elementen, Formen oder Farben geschehen, die den Besuchern schon vorher durch eine Einladung oder eine Geschäftsbeziehung vertraut sind.

Es können aber auch Firmenfarben sein wie auf dem Messestand der *BW-Bank* (Seite 142), die das intensive Rot und Schwarz ihres Firmengebäudes und zugleich Gestaltungselemente auf den Messestand übertragen ließ, die in ihrer Wertigkeit sofort an ein Bankgebäude denken lassen.

Beim Messestand des Softwareunternehmens *DNS* (Seite 156) war es die bereits durch Medien bekannte Werbekampagne, die im Großformat auf die riesige Wand des Messestandes übertragen wurde.

3. Erinnerungswert

Und natürlich sollte der Messestand oder der Messeauftritt, womit die gesamte Aktion auf dem Stand gemeint ist und nicht nur der Baukörper, so gestaltet sein, dass er auch nach der Messe noch in Erinnerung bleibt. Einen Aussteller finden und sich an ihn zu erinnern, ist eine wesentliche Aufgabe, die ein Messestand zu erfüllen hat. Sich-Erinnern heißt, dass ein Stand etwas ganz Einzigartiges gehabt hat, das im Gedächtnis auch noch nach Tagen abrufbar ist. Das kann eine aufregende Architektur gewesen sein, ein Lichtspiel, eine Produktpräsentation, bei der die Besucher einbezogen wurden, ein Gewinnspiel, ein Gespräch mit freundlichen und kompetenten Mitarbeitern, aber durchaus auch ein Catering-Angebot.

Hier sind sicher Messestände einzuordnen wie
- die riesengroße Fliesenwelle von *Bisazza* (Seite 104), mit der auf die ungewöhnlichen Anwendungsmöglichkeiten der Produkte angespielt wird,
- der Wasserstand für *Leonardo* (Seite 106), auf dem auf kleinster Fläche mit einem Wasser-Event eine neue Produktlinie vorgeführt wurde.
- Auch der an ein antikes Grabmal erinnernde Stand des polnischen Leuchtenherstellers *Electra Zelluce* (Seite 118) wird vielen Messebesuchern in Erinnerung geblieben sein.

4. Kundengespräche

Da jeder Messestand vor allem dazu da ist, Kunden zu empfangen und zu betreuen, sollte er einladend sein und Kommunikation ermöglichen. Dies bedeutet, dass der Stand so aufgebaut sein muss, dass Kunden sich leicht auf dem Stand zurechtfinden und mit den gewünschten Gesprächspartnern über die Firmen-Angebote oder ihre eigenen Anliegen sprechen können.
- Bei dem Stand des Glasherstellers *Love Plates* (Seite 75) war für die Betrachtung der Produkte in durchsichtigen Plastikkissen und für Kundengespräche eine runde Bank ins Zentrum gestellt worden. Die brasilianischen Architekten *Anastassiadis* (Seite 126) empfingen ihre Kunden in großen weißen Sitzsäcken aus den 60er Jahren.

5. Arbeitsplatz

Gar zu häufig wird vergessen, dass dieser Messestand für einige Tage von einem strapazierten Standpersonal betreut werden muss. Ob dieses nun speziell für die Messe geschult wurde oder nicht, so sollte der Stand immer ein angenehmer Arbeitsplatz sein, der für einige Tage gern gegen den angestammten im Unternehmen eingetauscht wird. Dazu gehören Möglichkeiten, Produktunterlagen bei Kundengesprächen schnell zur Hand zu haben, gut ausgeleuchtete Arbeitsplätze im Stehen oder Sitzen. Ebenso sollte es die Möglichkeit geben, falls erforderlich, Unterstützung durch technische Kommunikationsmittel zu erhalten und natürlich auch Privatsachen an sicherer Stelle unterbringen zu können. Nicht nur die Besucher auch das Personal möchte mit allen Sinnen angesprochen werden und sei es letztlich nur durch die Espresso-Maschine des Nachbarstandes.

6. Flexibilität

Wenn es sich nicht gerade um einen einmaligen Messeauftritt handelt, wird auch von kleinen Ständen erwartet, das sie so flexibel konzipiert wurden, dass sie problemlos auf unterschiedlichen Messeplätzen eingesetzt werden können. Das kann durch eine Elementierung der Wände geschehen, durch Theken- oder Sitze, die in einzelne Teile zerlegbar sind, Böden, die aus Platten bestehen und Displayteilen, die wie in einem Baukasten-System größer oder kleiner sein können.

Welche Chancen und Möglichkeiten bieten kleine Stände?

- Der Stand ist für Besucher leicht überschaubar,
- Aussagen und Exponate können oder müssen auf das Wesentliche reduziert werden,
- es gibt klare Ansprechpartner,
- die Standgröße zwingt dazu, unbedingt die richtige Zielgruppe herauszufinden,
- er fördert die Kreativität für eine herausragende Gestaltung und damit eine hohe Aufmerksamkeit.

Wenig Platz zu haben zwingt die Unternehmen, sich auf das Wesentliche zu konzentrieren, auf die Kernaussagen, die für die Messe bedeutsam sind, auf die wirklich wichtigen Exponate, die unbedingt gezeigt werden müssen. Anstatt das gesamte Unternehmen in verkürzter Form mitzuschleppen, besteht mit einem kleinen Stand die Chance, das Schwergewicht auf Teilbereiche zu legen oder für die Kunden etwas ganz Besonderes zu machen, das fast einem Event gleichkommt, wie z.B. beim Wasserstand für *Leonardo*, mit dem eine neue Produktlinie ganz emotional in Szene gesetzt wurde. Und wenn schon nicht viel Platz zur Verfügung steht, ist es unerlässlich, sich genau zu überlegen, welche Kunden mit diesem Stand angesprochen werden sollen, was diese für Interessen und Wünsche haben und wie sie zu begeistern sind.

Die Vielfalt der hier gezeigten Messestände macht deutlich, dass gerade bei kleinen Messeständen der Ideenreichtum sehr vielfältig sein kann.

Welchen Charakter können kleine Messestände haben?

Messestände wie eine Plastik
Hohen Aufmerksamkeitswert haben kleine Stände, die wie eine Skulptur gebaut wurden und damit als Gesamtform schnell verstanden werden können. Zugleich aber wecken sie den Wunsch, sich das Gebilde genauer zu betrachten, es anzufassen und hineinzugehen.

Messestände zum Flanieren
Das sind all die Stände, über die die Besucher fast unverbindlich schlendern können und auf diese Weise Produkte entdecken, ausprobieren und ins Gespräch kommen – eine Art Shopping-Effekt.

Messestände, die Besucher hineinziehen
Hierzu zählen Stände, die durch die Position und Form von Standteilen Kunden führen, sie in den Stand hineinleiten. Ebenso Stände, die Besucher durch Farben, Lichteffekte oder Bewegung anlocken oder sie durch eine eher verschlossene Standform neugierig machen, unbedingt hineinzuschauen.

Messestände wie Oasen
Das sind die seltenen Orte, zu denen sich gestresste Messebesucher besonders hingezogen fühlen, um für kurze Zeit zu entspannen. In diesen Wellness-Oasen sind die Besucher nach kurzer Erholungspause für neue Anregungen und Informationen besonders empfänglich.

Wer seinen Kunden etwas Gutes tun will, kann ihm auf diese Weise Vertrauen und Sicherheit schenken. Die Möglichkeiten reichen hier von der Einbeziehung von Elementen aus der Natur bis hin zum Bambuswald, über eine beruhigende Standgestaltung insgesamt mit sanfter Musik bis hin zu Schaukelstühlen, in denen sich der Besucher leicht wippend über Kopfhörer den Produkten widmet.

Haben kleine Stände Beschränkungen?

Wer dem Leitsatz »Less is more« folgt dürfte auch auf kleinen Ständen keine Probleme haben. Die Standgröße wird natürlich auch durch die Unternehmensgröße beeinflusst. Allein die Organisationsstruktur großer Unternehmen und deren Angebotsspektrum erfordert eine gewisse Standgröße, die meist jenseits der 150 qm-Grenze liegt. Aber auch diese Unternehmen haben häufig Messebeteiligungen, wo sie mit kleineren Ständen und nur bestimmten Produkten vertreten sein müssen. Überraschenderweise sind wirklich gute Modulkonzepte offenbar sehr selten, bei denen ein Messestand sowohl im Klein- als auch im Großformat gleichermaßen gut gestaltet und effizient ist. In den meisten Fällen sind die kleinen Stände reduzierte Abfallprodukte der großen, die noch irgendwo ein Element zur Wiedererkennung aufweisen. Offenbar scheint hier aber ein Umdenkungsprozess zu beginnen, bei dem in die Planung von vornherein die kleinste und die größte Variante einbezogen werden.

Wirkliche Beschränkungen sind eher durch große Produkte gegeben, die sehr viel Platz benötigen, wie z.B. Autos, die einfach angefasst und in Besitz genommen werden wollen. Da wir uns aber von der Mustermesse weitgehend entfernt haben, lassen sich selbst große Produkte wie Industriekessel über Großfotos und moderne Medien problemlos darstellen. Wirkliche Platz-Probleme bereiten eher Präsentationen oder Shows, die große Menschenmassen anziehen könnten und dann den Hallengang verstopften. Aber vielleicht lassen sich solche Darbietungen ganz einfach auf andere Plätze der Messe verlagern oder durch Kooperation mit anderen Ausstellern oder Verbänden ermöglichen und damit eine Zweitplatzierung erreichen.

Konzeption

Botschaft und Aufgabe der Messestände

Messestände übernehmen
- die Darstellung eines Unternehmens,
- die Präsentation von Produkten und Dienstleistungen,
- die Kommunikation mit dem Kunden zu führen, mit dem Ziel, Verkäufe vorzubereiten oder abzuschließen.

1. Darstellung des Unternehmens

Auf einem Messestand stellt ein Unternehmen zunächst sich selbst dar. Das bedeutet für die Standarchitektur Formen, Materialien, Symbolgehalte und Inhalte zu finden, die genau auf das Unternehmen zutreffen: z.B. durch Hightech-Formen, die auf Hightechprodukte zielen, durch natürliche Materialien, die ein ökologisches Bewusstsein ansprechen, durch Designformen, die die Qualität von Langzeitprodukten widerspiegeln. Nun will ein Unternehmen aber nicht nur zeigen, welche Produkte oder Dienstleistungen es anbietet, sondern was und wer es ist, welchen Unternehmensstil es hat, welche Unternehmensphilosophie es vertritt, wie es seine Mitarbeiter führt und wie es mit seinen Kunden umgeht. Der Messestand hat somit die Aufgabe, Anliegen und Botschaften eines Unternehmens in eine bildhafte Sprache formal zu übersetzen und nach außen sichtbar zu machen. In dieser Unternehmensdarstellung kommen auch die Auseinandersetzungen mit der Gesellschaft, mit ihren Wert- und Kulturvorstellungen zum Tragen. Es geht z.B. um Anliegen wie
- Bekanntheitsgrad
- Marktpositionierung
- Corporate Identity
- Corporate Image
- Firmenwerte
- Unternehmensphilosophie
- Unternehmenskultur.

Geht ein Unternehmen zum ersten Mal auf eine Messe, will es die Besucher auf sich aufmerksam machen, eine gewisse Bekanntheit erreichen, die im günstigen Fall durch Werbemaßnahmen vorbereitet wurde. Bei dieser Vorstellung geht es darum, den Charakter des Unternehmens widerzuspiegeln, sein Image, sein Profil nicht als Geschäftsbegriff sondern durch ein gebautes Bild zum Ausdruck zu bringen und in den Köpfen der Besucher zu verankern. Bilder und Objekte haben einen erheblich größeren Erinnerungswert als Begriffe. Auch ein Unternehmen, das auf dem Markt bereits etabliert ist, möchte mit dem Messestand seine Position auf dem Markt verdeutlichen, seine Marktführung, seine Stärke, seine Haltung zu Umweltfragen. Manchen Unternehmen geht es auch darum, veränderte Unternehmensstrukturen zu kommunizieren oder etwas über die eigene Firmenkultur mitzuteilen.

2. Präsentation von Produkten und Dienstleistungen

Um Produkte und Leistungen zu präsentieren geht es den Unternehmern um die Herausstellung von
- Produktneuheiten,
- Produktqualität,
- Möglichkeit von Sonderanfertigungen,
- Produktinhalten (bei Softwareanbietern),
- Produktmaterialien,
- Produktwerten,
- Nutzen eines Produktes oder einer Leistung,
- Produktanwendungen,
- Produktvarianten,
- Produktspektrum,
- einer neuen Marke,
- einem Markenrelaunch,
- Produkttrends.

Produkte und Waren zur Schau zu stellen, zu zeigen, was man Neues entwickelt hat, ist das älteste Anliegen auf Messen überhaupt. Auch heute noch ist es das Hauptanliegen der Aussteller zu zeigen, was sie haben und was sie leisten können. Konsumgüterhersteller haben den Vorteil, dass ihre Produkte meist optisch attraktiv sind, mit sinnlichen Inhalten und emotionalen Werten behaftet sind und sich relativ leicht in einem Umfeld präsentieren lassen, das der Besucher auch wahrnimmt. Erschwerend für eine Produktpräsentation auf Messen und für eine Möglichkeit aufzufallen ist die Tatsache, dass es unzählige Hersteller gibt, die fast das gleiche oder ein ähnliches Produkt anbieten. Der Messestand hat hier die Aufgabe, aus dem Produkt etwas Besonderes zu machen, Eigenheiten herauszufiltern und ein Umfeld zu gestalten, um es von anderen unterscheidbar zu machen, es mit Inhalten und Leben anzureichern und wie in einem Theater in Szene zu setzen.

Industrieprodukte haben durchaus ästhetische Reize, doch können sie selten unter diesem Aspekt verkauft werden. Hier gilt es, diese Produkte in einen Nutzungszusammenhang zu stellen, ihren Wert für eine Maschine oder eine Anlage sichtbar zu machen oder aber auf andere Aspekte zu verweisen wie z.B. eine herausragende Qualität, Bezug auf natürliche Ressourcen, Schnelligkeit etc. Dies erfordert für die Entwicklung eines Messestandes, sich intensiv mit dem ausstellenden Unternehmen und den Nutzern auseinander zu setzen. Softwareanbieter sprechen zwar auch von Produkten, doch sind die Leistungsmöglichkeiten ihrer Produkte vom äußeren Erscheinungsbild her nicht zu beurteilen. Ähnlich den Dienstleistern müssen sie auf einer Messe deutlich machen, was ihre unscheinbaren Produkte für ein aufregendes Innenleben haben. Dieses zu visualisieren ist nicht immer einfach. Hilfsmittel für die Darstellung sind vielfach Unternehmenswerte, aber auch Werte der Zielgruppe, die gestalterisch aufgegriffen werden, um sich einer gemeinsamen verständlichen Bildsprache zu bedienen. Je abstrakter das Produkt oder die Leistung umso mehr kommen CI-Farben und -Formen zum Einsatz, die vor allem bei einer Marke über andere Medien bereits kommuniziert wurden.

3. Kommunikation mit den Kunden

Grundanliegen eines Messestandes ist die Kommunikation – und das seit über 750 Jahren. Unternehmen, die auf einer Messe ausstellen, wollen ihre Produkte oder Dienstleistungen aber nicht nur anbieten, sondern sie vor allem verkaufen. Allein dafür aber müssen sie mit den Messebesuchern reden. Solange Produkteigenschaften und Produktnutzen leicht erkenn- und erklärbar sind, ist dies relativ einfach. Werden Produkte aber kompliziert, technisch undurchschaubar und erklärungsbedürftig, so tritt die Kommunikation in den Vordergrund. Kommunikation wird auch deshalb bedeutsamer, weil sich die Produkte im internationalen Markt zunehmend ähneln und Unterschiede kaum auszumachen sind. Auf den Fachmessen zeigt sich daher, dass der Verkaufsabschluss immer mehr in den Hintergrund gedrängt wird. Was den Messeauftritt neben allen Marketinginstrumenten dennoch so lohnend macht, ist der persönliche Austausch mit den Kunden, ist die Pflege von bestehenden Geschäftskontakten ebenso wie die Gewinnung von neuen Partnern und die Information über den gesamten Markt.

Doch auch in der Behandlung der Kunden selbst gibt es Unterschiede, auf die ein Messestand in der Organisation und Gestaltung eingehen muss. Bei der Kommunikation mit den Kunden geht es um

- Verkauf,
- Neukundengewinnung,
- Kundenpflege,
- interne Kommunikation mit Mitarbeitern.

Um neue Kunden zu gewinnen, braucht ein Stand viele Anreize, um die Besucher auf das Unternehmen aufmerksam zu machen und in den Stand hineinzuführen. Die Anreize können von den Produkten ausgehen aber auch überwiegend durch das Standdesign geleistet werden. Es ist das Hauptanliegen eines Ausstellers, mit möglichst vielen Kunden zu sprechen oder aber nur ganz bestimmte qualifizierte Kunden gezielt auf den Stand zu leiten. Die Möglichkeiten, sich mit Kunden zu unterhalten sind vielfältig und finden am sinnvollsten direkt bei den Produkten statt oder aber bei ergänzenden Medien. Ob diese Gespräche stehend oder sitzend durchgeführt werden, hängt von den Produkten und der Standgröße ab. Wer längere Gespräche mit seinen Kunden führen möchte, lässt diese auf jeden Fall nicht stehen. Der Charakter dieser Besprechungsbereiche schwankt dabei von einer einfachen Büroatmosphäre bis hin zur stimmungsvollen Lounge einer Bar.

Auch die kleinen Messestände in diesem Buch zeigen eine Fülle von attraktiven Beispielen, wie mit Kunden in angenehmer und effektiver Weise kommuniziert werden kann.

Unternehmensanliegen und Standarchitektur

Unternehmensanliegen versus Standgestaltung?

Bei der Planung von Messeständen sind oft viele Partner beteiligt. Das beginnt bei den Vertretern der Unternehmen, die für die Ausrichtung von Messen verantwortlich sind. Meist kommen sie aus den Bereichen Marketing oder Unternehmenskommunikation, manchmal auch aus dem Vertrieb. Sie richten ihre Anfragen an Werbe- oder Designagenturen bzw. direkt an Messebauunternehmen, in manchen Fällen auch direkt an Designer oder Architekten. Für jeden der Beteiligten aber ist der Messestand etwas ganz anderes, jeder hat einen anderen Denkansatz und eine andere Sprache, mit der über das Produkt »Messestand« gesprochen wird und Wünsche formuliert werden.

In meiner Arbeit als Journalistin habe ich ständig mit allen Gruppierungen zu tun und nur zu oft festgestellt, dass die einen Anliegen formulieren, die bei den anderen gar nicht ankommen. Selbst bei der Auswahl dieser kleinen Messestände war ich überrascht, wie häufig Kundeninformationen gar nicht zum Gestalter gelangt sind oder vom Unternehmensvertreter nicht abgefragt wurden.

Die folgende Gegenüberstellung zeigt an einigen Beispielen, welche Messeziele oder Anforderungen Unternehmer formulieren und in welcher Weise Gestalter darauf antworten könnten. Die Lösungen sind bewusst allgemein formuliert, um sie auf viele Stände übertragbar zu machen. Da bei allen Fallbeispielen in diesem Buch die Marketingziele aufgeführt wurden, lassen sich die Designlösungen leicht nachvollziehen und hinterfragen, um auf diese Weise auch Messe-Neulingen einen Einstieg zu ermöglichen.

Marketinganspruch versus Designlösung

1. Darstellung des Unternehmens

Marketinganliegen | Marktgröße und -stärke des Unternehmens herausstellen.
Designlösung | Stärke wird auch gestalterisch meist groß oder breit dargestellt in einfachen Formen, die Macht ausdrücken wie z.B. Kuben, abgeleitet als große Flächen oder Türme, in abgewandelter Form auch große Halbrundwände oder eine Welle. Größe ist auch die räumliche Weite, ein großer Eingang, das »Tor zur Welt«. Größe kann auch ein kultureller Anspruch bedeuten und durch hohe Material- und Form-Ästhetik sowie klassische Farben übersetzt werden. Es geht um Unternehmenswerte wie

Marketinganliegen | Dynamik des Unternehmens darstellen.
Designlösung | Dynamik lässt sich am verständlichsten durch dynamische Formen darstellen: große Rundungen oder Wellen als Standform oder Eyecatcher, der große gerundete Weg, der die Besucher führt, aber auch durch aufstrebende Formen wie Kegel, Pyramiden, Spiralformen, bewegtes Licht, Farben, die Kraft ausdrücken wie z.B. Rot, oder harte, kraftvolle maskuline Materialien wie Stahl.

Marketinganliegen | Innovationskraft und Kreativität des Unternehmens zeigen.
Designlösung | Wird gern mit neuen gestalterischen Mitteln übersetzt wie Lichtwechsel, Projektionen, ungewöhnliche neue Materialien (z.B. Metalle oder Kunststoffe speziell bearbeitet, textile Großformen, ungewöhnliche Baukörper in Technik und Form.

Marketinganliegen | Qualität des Unternehmens sichtbar machen.
Designlösung | Dafür stehen auch im Design hochwertige Materialien wie Natursteine, gebürsteter Edelstahl, Edelhölzer, matte Lackflächen und satinierte Glasplatten, Materialien, die in hochwertigen Gebäuden verwendet werden, Details und Präsentationen, die an Showrooms, Galerien oder Schmuckläden erinnern.

Marketinganliegen | Vertrauen in das Unternehmen schaffen.
Designlösung | Natürliche Farben, Formen und Materialien sollen Bodenständigkeit und Sicherheit andeuten, Wellness-Ideen für Entspannung wie optische Ruhe durch wenige Materialien und ruhige, klare Formen, sanfte Musik, natürliche Lichteffekte.

2. Präsentation von Produkten und Dienstleistungen

Marketinganliegen | Produktqualität hervorheben.
Designlösung | Wird meist in qualitätsvollen Standmaterialien übersetzt, in hochwertigen Fotos von fast künstlerischer Qualität, in anspruchsvollem brillantem Licht, das direkt auf das Produkt strahlt

Marketinganliegen | Produktlösungen verstärken.
Designlösung | Möglichst anschauliche Sichtbarmachung durch Originalprodukte, je nach Zielgruppe auch durch ungewöhnliche Anwendungsbeispiele, Produkt-Vorführungen, verstärkt durch Monitore, Projektionen, Einstimmung in das Thema durch grafische Bearbeitung, Sichtbarmachung durch Großfotos.

Marketinganliegen | Ein neues Produkt vorstellen.
Designlösung | Eyecatcher-Effekte durch große Formen, reale oder abstrakte Objekte. Bühnenhafte Fokussierung auf eine Stelle am Stand, Produkt emotional oder als Großform auf Stand in Szene gesetzt.

Marketinganliegen | Produkt- und Leistungsinhalte sichtbar machen.
Designlösung | Spielt meist bei Dienstleistungen oder schwer erkennbaren Industrie- oder IT-Produkten eine Rolle, Sichtbarmachung durch grafische Techniken oder eher flächig-geometrische Baukörper, die durch eingesetzte Materialien in der Wertigkeit auf die Zielgruppe anspielen. Sind die Inhalte ›Werte‹ gelten die bereits o.g. Übersetzungen. Visionen werden in visionäre Formen z.B. aus dem Cyberspace übertragen oder durch immateriell wirkende Materialien wie textile Gaze, durchscheinende Kunststoffe. Bekannte Raumbilder aus Filmen unterstützen.

Marketinganliegen | Produkt- bzw. Leistungsspektrum herausstellen.
Designlösung | Neben realen Produkten auch gestalterisch als eine Range von Farben, Größen, Lichteffekten baulichen Formen wie Portale, Kuben, Kugeln übersetzt.

3. Kommunikation mit den Kunden

Marketinganliegen | Neue Kunden gewinnen.
Designlösung | Der Stand wird weitgehend geöffnet, um Kunden hereinzuholen, Übersicht zu geben und damit zugleich als Unternehmen offen und transparent zu erscheinen. Eine gezielte Kundenführung erfolgt durch Standformen wie hineinführende runde oder diagonale Wände, Besucherführung durch Standelemente, Farben oder Licht, Eyecatcher am Standrand, um zu interessieren, auch ein geschlossener Stand mit schmalen Eingängen zieht Kunden an durch schmale Eingänge, Gucklöcher. Neugiereffekt durch ungewöhnliche Präsentation wie Show, Event, starke klare Farben, ungewöhnliche Formen

Marketinganliegen | Gezielte Kundengespräche führen.
Designlösung | Verschiedene Gesprächsplätze an Produkten, Tischen, Terminals schaffen, Sitzplätze wie in Cafés oder an Bartheken für kürzere Gespräche, Sessel mit Lounge-Charakter für längere Gespräche, abgeschirmt durch Pflanzen, Möbel, Wände. Gesamtatmosphäre angenehm und kommunikativ, wenn nicht CI- Farben, dann eher wohnliche warmtonige Farben, reduzierte Geräuschkulisse, weiches Licht oder auch Arbeitsatmosphäre wie in gepflegten Büros.

Marketinganliegen | Vorhandene Kunden betreuen.
Designlösung | Vertraute Wohlfühlatmosphäre durch natürliche Elemente wie Pflanzen, Holz und/oder durch Licht, Loungecharakter mit bequemen Sesseln und weichem Licht, Barcharakter möglich, Gesprächsanlässe integrieren durch spezielle Produktpräsentationen und neue Medien.

Standplanung

Tipps und Hinweise zur Standplanung

Standplatzierung
Wo ist der richtige Platz für den Messestand? Wie können Messebesucher in den Stand geführt werden? An welcher Stelle ist die Informationstheke am besten platziert? Wie viel Raum muss Kunden für Gespräche zur Verfügung gestellt werden? Welche Möbel sind auch für kleine Stände gut geeignet? Und was lässt sich mit Licht auf einem Stand bewirken?

Das sind nur einige der unzähligen Fragen, die sich Aussteller und Gestalter am Anfang der Planung stellen, um auch mit einem kleinen Messestand erfolgreich zu sein.

Fernwirkung
Ist der Stand von weitem zu erkennen durch Farbe, Licht, hohe Teile oder Logos, die über den Stand hinausragen?

Neugiereffekt
Hat der Stand etwas, das neugierig macht oder Interesse weckt? Z.B. schmale Öffnungen in einem geschlossenen Stand, witzig aufgemacht Exponate (menschliche Züge, künstlerisch verfremdet...), ungewöhnliche Materialien (Textilien, Plexiglas...), Elemente, die in dieser Branche völlig unerwartet sind (Natur, Kunst...), einen Eyecatcher wie das Produkt im Überformat, realistische Dekoration in abstraktem Umfeld, Filmszene für ein inhaltliches Thema, Lichtobjekt, etc.

Besucherführung
Immer größer werdende Messegelände und dicht bestückte Hallen machen es dringend erforderlich, den Stand in der Halle so zu platzieren und zu gestalten, dass die gewünschten Messebesucher auch wirklich den Weg zum Stand finden.

Natürlich sind auf wichtigen Messen auch meist die besten Plätze längst vergeben und kleine Stände haben es da ohnedies schwer. Aber ein paar Möglichkeiten gibt es immer, auch in der hintersten Hallenecke oder neben der Treppe aufzufallen. Wer mit solchen »Extremplätzen« gar nicht zurecht kommt, kann rechtzeitig versuchen, mit anderen Ausstellern zu kooperieren, die ergänzende Produkte haben und deren Kunden zu den eigenen gut passen würden. Manche Messegestalter haben sich auf solche Kooperationen spezialisiert. Über die Projektleitung der jeweiligen Messen kann man ebenfalls erfahren, ob manchen Ausstellern, gerade in wirtschaftlich unsicheren Zeiten, der angemeldete Stand vielleicht zu groß geworden ist und auf diese Weise ein zwar kleiner aber guter Standplatz möglich ist.

Das wichtigste bei der Planung der Besucherführung ist, die Hauptgänge in der Messehalle zu kennen und daraufhin die Standgestaltung auszurichten.

Führung in den Stand
Es gibt je nach Stand-Art, Ziel- und Produktgruppe unzählige Möglichkeiten, die Besucher in den Stand hineinzuführen, zu den Produkten, zu den Besprechungsplätzen, an die Infotheke, an die Bar, etc.

Einige Möglichkeiten der Besucherführung sind hier aufgeführt, die aus den nachfolgenden Standbeispielen in diesem Buch abgeleitet wurden.

Reihenstand

Ein Reihenstand befindet sich zwischen zwei Ständen und hat nur eine Seite zum Hallengang hin offen. Diese Seite muss wie eine Theaterbühne die gesamte Aufmerksamkeit auf sich lenken, kann offen aber durchaus auch geschlossen sein.

1. Der Stand ist vollkommen einsehbar. Die Exponate ziehen sich um zwei Seiten des Standes herum, ziehen die Besucher nach innen hinein. Verstärkt wird diese Führung durch einen hohen Blickfang im Stand, der diese Bewegung nachvollzieht. Die gerundete Wand gegenüber führt wiederum hinein und umschließt den Informations- und Besprechungsbereich.

2. Die Exponate befinden sich im vorderen Standteil, so dass die Besucher entscheiden können, hier zu bleiben oder ins Standinnere zur Informations- und Beratungstheke vorzudringen.

3. Auch hier ist der Stand völlig offen, aber durch wenige Exponate unbestimmter in der Besucherführung. Die Infotheke ist ein Teil der freien Anordnung.

4. Der Stand ist zum Gang hin abgeschirmt – semitransparent – ein Durchblick macht neugierig. Der Eingang ist nur in der Mitte möglich, erfordert eine Entscheidung des Besuchers. Dahinter ein freier Platz mit den Exponaten und Besprechungsplätzen, die Information im hinteren Teil des Standes.

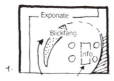

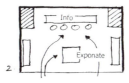

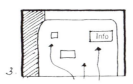

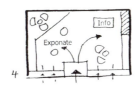

Eckstand

Der Eckstand ist von zwei Hallengängen umgeben, von denen immer einer der wichtigere Gang ist.

Eine ideale Lösung für Eckstände sind diagonale Standgestaltungen, weil die Besucher beider Gänge direkt auf den Stand blicken können. Abgeschnittene Raumecken dienen meist als Serviceräume.

1. Das Exponat als Blickfang direkt am Anfang des Standes. Information und Beratung finden im hinteren Bereich statt.

2. Das Exponat strebt auf die Standecke zu und zieht die Besucher nach innen. Die diagonale Wandführung im Stand hat den gleichen Effekt, nach innen zu leiten. Die diagonale Aufstellung eines Exponates oder Blickfanges ermöglicht, den Stand in Bereiche aufzuteilen, z.B. in Information und Beratung oder zwei Produktbereiche.

3. Runde Wände erwecken Aufmerksamkeit und ziehen hinein. Die Rundwände schaffen zwei Plätze unterschiedlicher Gewichtung, z.B. für verschiedene Produktschwerpunkte. Die Information ist Drehpunkt für beide Bereiche.

4. Eine Diagonal-Lösung durch eine große Raumwelle macht den Stand geheimnisvoll und größer und ist Eyecatcher zugleich. Eine Welle verleitet zum Drumherumlaufen. In den Schlaufen ist Platz für Besprechung.

5. Eine runde Lösung in einem quadratischen Eckstand erzeugt Weite und Geschlossenheit und zieht magisch an und hinein.

6. Freie Aufstellung der Exponate auf dem Stand verführen den Besucher zum Herumschlendern und Erkunden zwischen den Exponaten.

Eckstand

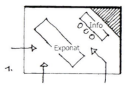
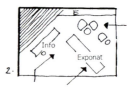
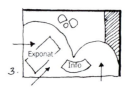
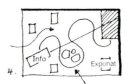
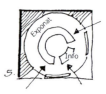

Kopfstand

Der Kopfstand wird von drei Hallengängen umgeben und hat somit viele Möglichkeiten, wahrgenommen zu werden. Meist werden die festen Standseiten für die Unterbringung des Servicebereichs genutzt.

1. Die kubische Form des Standes wird aufgegriffen durch einen Kubus mit offenen Ecken. Dadurch werden die Besucher neugierig gemacht und gezielt nach innen geführt zur weiteren Betreuung.

2. Geschwungene Wände gliedern den Stand in Präsentation und Besprechung und animieren zum Hineinlaufen. Eine Transparenz entsteht durch Materialien und offene Formen.

3. Hier ist die Wegführung der Besucher durch Stege fixiert, die zum Exponat-Bereich hinführen. Ein Spiegel an der Rückseite vergrößert den kleinen Stand.

4. Auch hier wurde der schmale Stand durch Verspiegelung der Rückwand optisch vergrößert. Der Besucherfluss wird bewusst auf zwei Eingänge reduziert. Die dritte Wand ist transparent und gibt von außen einen Einblick ins Standinnere.

5. Vor die geschlossene Wand wurde ein durchscheinender Kubus nach innen gesetzt, um Exponate unterzubringen, die direkt von zwei Seiten zugänglich sind. Die Information an der Stirnseite filtert die Besucher. Intensive Gespräche finden im Innern des Standes statt.

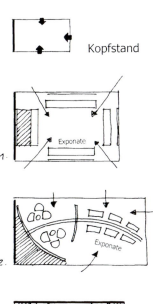
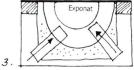
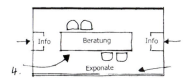
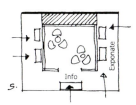

Inselstand

Wie eine Insel kann dieser Stand von allen Seiten begangen werden. Inselstände geben die Möglichkeit, je nach Größe, mit einem einzigen Baukörper oder aber durch eine offene Anordnung von Exponat- oder Bauteilen mit einem deutlichen Schwerpunkt auf sich aufmerksam zu machen.

1. Hier wurde auf die Standfläche ein geschlossener zweigeschossiger Kubus gestellt, der durch die Geschlossenheit Aufmerksamkeit erregt. Der schmale Eingang wurde farblich herausgestellt und ist nur für spezielle Kunden zugängig.

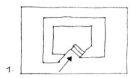

2. Auch dieser Messestand ist ein eher kompakter Baukörper, der durch seine große Länge nur die langen Seiten für die Besucher zugänglich macht. Die Rundungen an den Schmalseiten führen die Besucher um den Stand herum.

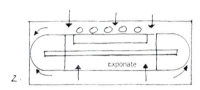

3. Für den offenen Stand wurde eine Standidee entwickelt, die einer Inselgruppe gleichkommt. Um die Hauptinsel sind kleinere Produktinseln angeordnet und die Besucher navigieren quasi um diese herum.

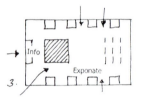

4. Für diesen Präsentation wurde der Stand ganz symmetrisch und streng wie eine Galerie gegliedert. Die Besucher können von allen Seiten heran- und hindurchtreten oder werden direkt an der Information aufgefangen.

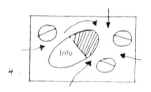

Information

»Wo bitte geht's zur Information?« Diese Frage dürfte es bei kleinen Messeständen kaum geben, denn Vorteil dieser ist eindeutig die rasche Überschaubarkeit. Doch wo ist die Informationstheke oder Anlaufstelle für Informationen am besten platziert?

Informationstheke im Innern des Standes

Die Theke innen bzw. weit hinten im Stand zu platzieren ist dann sinnvoll, wenn der Stand nicht sehr groß ist und die Besucher hineingezogen werden sollen. Häufig werden solche Stände auch nur von ein bis zwei Personen betreut, die von hier aus den Stand gut überblicken können. Weiter im Standinnern wird die Theke auch dann platziert, wenn der Aussteller möchte, dass der Besucher sich auf dem Stand umschaut, herumläuft, sich mit den Exponaten vertraut macht und dann bei Bedarf Informationen abholt.

Informationstheke am Standrand

Immer, wenn es sinnvoll ist, Besucher zu kanalisieren, zu filtern, damit nur die in den Stand gelangen, die auch wirklich an den Produkten oder Leistungen interessiert sind, dann sind Informations-Stations am Rande richtig platziert. Sind die Stände jedoch so offen konzipiert, dass die Besucher von mehreren Seiten auf den Stand gelangen können, kann die Filterfunktion durch die Informationstheke nicht mehr wahrgenommen werden und muss durch gestalterische Maßnahmen und Abgrenzungen erfolgen.

Informationstheke mit Mehrfachfunktion

Gerade auf kleinen Ständen haben die Info-Theken, -Boxen oder -Terminals häufig eine Doppelfunktion, bzw. diese Aufgabe wird von einer zentralen Schaltstelle übernommen, an der Produkte präsentiert werden können, die bei Bedarf durchaus auch Bartheke sein kann oder aber der ruhige zentrale Besprechungsbereich. Beispiele hierzu gibt es in diesem Buch viele.

Besprechungsplätze

»Bitte nehmen Sie Platz!« Gespräche finden am besten da statt, wo sich die Gesprächsinhalte befinden, d.h. neben den Exponaten oder auch neben einem Computer-Terminal, auf dem erklärungsbedürftige Produkte und Leistungen anschaulich gemacht werden können. Die knappste Form einer effektiven Gesprächsinsel ist sicher das Computerterminal oder auch ein Beratertisch zum Stehen mit Produktunterlagen gleich daneben. Dauern Gespräche voraussichtlich etwas länger, sind kleine Tische sinnvoll, die locker wie in einem Café auf dem Stand stehen können. Eine Theke mit Barhockern übernimmt ebenfalls diese Funktion. Für intensive Gespräche kann man es den Besuchern schon etwas bequemer machen. Weiche Sessel können an eine Lounge oder Bar erinnern und sind am besten in einem ruhigen Teil des Standes platziert. Das kann ganz hinten im Stand sein, hinter einer Wand oder einem Wandschirm, der aus Möbeln aber auch aus Pflanzen gebildet werden kann. Wenn es zum Standkonzept passt, kann dafür auch eine separate Gesprächsbox mit zwei Couchen im Innern bereit gestellt werden, wie sie z.B. Burkhard Leitner für *Capricorn* (Seite 52) angeboten hat.

Möbel

Möbel für Bequemlichkeit und Botschaft

Bei guten Messeauftritten, egal ob klein oder groß, sind die Möbel immer ein Teil des Standkonzeptes, das auf die Designidee und das Unternehmen zugeschnitten sein sollte. Denn neben dem reinen Gebrauchswert verfügen gerade Möbel durch ihre Form, ihre Farbe und das Material über die Möglichkeit, mehr über das Unternehmen zu erzählen als manche der Produkte. Sie berichten von Kultur und Ästhetik, vermitteln über Materialien und Konstruktionen Wertvorstellungen, können Hightech-Charakter haben oder menschlich-witzige Züge tragen, sie können ganz unauffällig sein oder aber wie ein Star im Rampenlicht stehen.

Grundregeln, die bei der Auswahl helfen können

Möbel können sich den Produktwelten anpassen – technische Produkte erhalten technisch aussehende Möbel, Konsumgüter können emotionalere Möbelformen vertragen. Möbel für die abstrakten Welt der IT- und Dienstleistungsbranche orientieren sich eher an deren Wertesystem und Zielgruppen. Visionäre Messekonzepte können durch visionäre Möbelformen verdeutlicht werden. Spaßmöbel können eine originelle Unternehmensidee unterstützen und wenn die Möbel völlig in den Hintergrund treten sollen, greift man am besten auf kubische Grundformen zurück.

Hinsichtlich des Gebrauchswertes gilt die Regel: Bequem, stabil, robust und zeitlos. Sitzoberflächen sollten körperwarm sein, Rückenlehnen dürfen nicht drücken, schräge Stuhlbeine könnten Stolperfallen sein. Stapelfähigkeit ist aus Lagergründen erforderlich. Die Oberflächen sollten auch nach vielfachem Einsatz noch gepflegt aussehen und gepflegt werden können. Möbel, die altmodisch sind, zu billig aussehen und Gebrauchsspuren aufweisen, stellen leicht durch ihr Aussehen oder ihren Designstil das Unternehmen in Frage. Auf dem Messestand herrscht immer Empfangssituation. Werden Möbel gedankenlos aussucht und »abgestellt«, sind Besucher geneigt, diese Einstellung auf sich zu übertragen.

Wie wird eine Möblierung einladend?

Einladende Möblierungen sind Möbel, die der Besucher gern »besitzen« möchte: Weiche, offene und auch organische Formen; Tisch-Stuhl- oder Sesselanordnungen, die an gemütliche Cafés oder Bars denken lassen, verbunden mit einer angenehmen, freundlichen Lichtatmosphäre, die die Besucher und das Personal verwöhnt. Vielfach wird gerade das Sitz-Mobiliar auf die gewünschte Verweildauer der Besucher abgestimmt. Je länger die Verweildauer, desto bequemer der Sitz – ein Konzept, das auch von Gastronomen verwendet wird. Aber auch oder gerade auf Messen lassen sich Besucher gern mal überraschen.

Licht

Ohne Licht geht nichts

Nur wer im Freien ausstellt, hat das Sonnenlicht als Partner. In den Hallen selbst reicht es kaum zum Standbau aus. Licht macht das Unternehmen auf seinem Stand mit seinen Produkten oder Leistungen sichtbar und zeigt es so wie es ist: ideenreich, kreativ oder langweilig und gleichförmig, wertvoll und kostbar oder einfach und naturbelassen. Licht macht nicht nur hell, sondern vermittelt viele Assoziationen und Wertigkeiten, die wir uns durch unsere Kultur- und Medienlandschaft angeeignet haben. Sachliches, eher flächig kühles Licht steht für sachbezogene, technische Präsentationen, punktuelles, brillantes Licht steht für etwas Besonderes. Wird Licht wie im Theater inszeniert, geht es um mehr: um Emotionen, Show, um Überhöhung eines Produktes, um Unterhaltung.

Einflussfaktoren

Das sind zunächst das Hallen- und Tageslicht, die Messeziele, das räumlich-architektonische Gesamtkonzept, die Fernwirkung des Standes, aber auch wirtschaftliche Aspekte.

Aufgaben des Lichts am Messestand

Licht auf dem Messestand dient dazu, Produktpräsentationen herauszustellen, aber auch Arbeitsplätze und Kommunikationsbereiche ins rechte Licht zu rücken. Jeder Bereich hat dabei seine eigene Lichtqualität. Produkte werden wie in Läden mit einem brillanten direkt strahlenden Licht herausgestellt, Arbeitsplätze hingegen brauchen Licht mit Arbeitsqualität und gerade bei Bildschirmarbeitsplätzen muss dieses blendfrei sein. Das Licht in den kommunikativen Zonen kann eher dem in Cafés und Bars ähneln.

Licht kann aber viel mehr, auch auf kleinen Messeständen. Ähnlich wie Möbel verfügt Licht aufgrund seiner Qualität über eine gewisse Wertigkeit, die zielgerichtet genutzt werden kann. So können durch Licht und Leuchtentypen Produktinhalte unterstrichen werden, z.B. Hightech-Produkte durch die moderne Lichtleittechnik herausgestellt werden. Um Marken besonders hervorzuheben, werden Lichtideen von TV-Shows entlehnt. Aber jedes Licht muss auch zum Unternehmen passen, ob sachlich wertvoll oder jung und flippig – für alles gibt es unterschiedliche Lichtlösungen, bei denen erfahrene Lichtplaner zur Seite stehen.

Optimales Licht für Messestände

Da Messen temporärer Natur sind, müssen auch die Leuchten variabel sein. Es gibt flexible und feste Systeme. Zu den einfachsten Leuchten zählen Stativleuchten. Viele kleine Stände kommen mit Klemmleuchten aus, die auf Standwände aufgesteckt werden. Flexibler sind Leuchten, die in Messestandsysteme integriert wurden und den Einsatz verschiedener Leuchtenarten ermöglichen. Es gibt auch freistehende Gittersysteme, die die Leuchten tragen. Gerade für kleine Stände gut geeignet sind freistehende Einzelleuchten, die zugleich Stimmungsmacher und Eyecatcher sind.

Licht soll orientieren helfen aber auch herausstellen. Teilen Sie, wenn nötig, den Stand in verschiedene Funktionen ein. Licht soll beleuchten aber nicht blenden. Die Leuchten sollen nicht nur modisch und preiswert sondern auch energiesparend sein. Meist reicht Licht von oben. Um Formen herauszustellen, kann es manchmal auch von unten kommen. Licht heute ist nicht nur gerichtetes Licht sondern auch Stimmungslicht, ist ein Licht, das durch Projektionen erzeugt wird oder bewegtes Licht, das seine Farben wechseln kann.

1. Präsentation des Unternehmens

mbco Messe Bauer – Frühlingshafte Firmentransparenz
Alupak – Bionische Raumwelle
KPMG – Interferenzeffekt
Candle – Lichtwechsel hinter Lamellen
Monti Crawatte – Starke Lichtkuben
Metzler Design Brillen – Helles Lifestyleflair
Interface – Teppichbühne
Indian Motorcycle – Feuerstuhl-Legende
boo.com – Mode-Logo im 3D-Format
Goldhelm – Witzige Fensterbilder
Swisscom – Telekommunikation in Natura
Novartis (Ciba) – Grafische Eleganz für Gentechnik
HMI-Informatik – Signethaft
Capricorn – Hightech Firmenwerte
Systemfabrik – Erkundungstower
LK Lichtdesign – Lichtbögen
Kappa Packaging – Inselwelt
Amadee – Orchesterprobe
Palladium – Typisch Shopping Mall
Eberhard – Waschsalon für Altlasten
ePropose – Elektronische Energie
Altola – Son/der/ab/fall

Frühlingshafte Firmentransparenz
mbco Messe Bauer

Aussteller
  mbco Messe Bauer & Companions, München

Messe
  Euroshop, Düsseldorf

Design
  mbco Messe Bauer & Companions, München

Messebau
  mbco Messe Bauer & Companions, München

Standbauweise
  modular

Größe
  32 qm

Materialien
  LISA (lichtsammelnder Kunststoff) für Fassade, weißer Plexiglasboden, Plexiglasspiegel, Piano Lack für Theke

Die gelbgrüne Firmenfarbe stand Pate für eine lichtdurchflutete transparente Frühlingsstimmung auf dem Messestand.

Neonschriftzug wie aus den 1960ern.

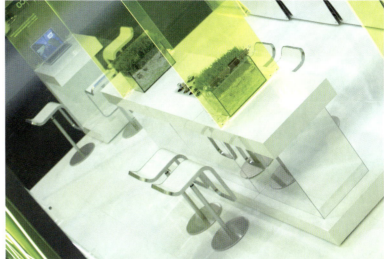

Die neuartige Verwendung des Materials Plexiglas führte zu einem Messeauftritt aus Magie und Show. Ein schlichter Raum öffnete sich den Besuchern wie eine Lounge mit einem langen Tisch für Besprechung, Präsentation und Catering.

Konzept | Messe Bauer & Companions steht für ein weltweit agierendes recht junges Full-Service-Messeteam, das für Unternehmen verschiedenster Branchen ganz individuelle und mediengerechte Raumkonzepte entwickelt. Um ihren Bekanntheitsgrad zu erhöhen und ihre Position als Premium-Messedesign-Firma herauszustellen, wollte sie sich auf der Euroshop besonders prägnant und auffallend in Szene setzen, um neue Geschäftsbeziehungen aufzubauen. Der Stand sollte anders sein als die anderen, viel Platz für Gespräche bieten, und zugleich die Besonderheit der Designfirma vermitteln, Unternehmensanliegen in ein Raumgefühl mit hoher Materialsinnlichkeit und Lichtqualität übertragen zu können.

Design | Die gelbgrüne Firmenfarbe stand Pate für eine lichtdurchflutete transparente Frühlingsstimmung auf dem Messestand, der fast vollkommen aus Plexiglas war, Licht aufnahm, brach und reflektierte – flimmerndes Frühlingserwachen als Metapher für Messen, die sich voll entfalten und wieder gehen. Gedrehte Plexiglasscheiben formten die raffinierte Fassade, hinter der sich den Besuchern ein schlichter Raum wie eine Lounge öffnete mit einem langen Tisch für Besprechung, Präsentation und Catering. Die Rückwand spiegelte die transparente Fassade, den Neonschriftzug wie aus den 60ern, und die 3 x 6 m große Weltkarte, die auf die internationale Präsenz hinwies. Transparenz vom Laptop bis zur Visitenkarte – die neuartige Verwendung des Materials Plexiglas führte zu einem Messeauftritt aus Magie und Show, einer Mischung aus Realität und Irrealem.

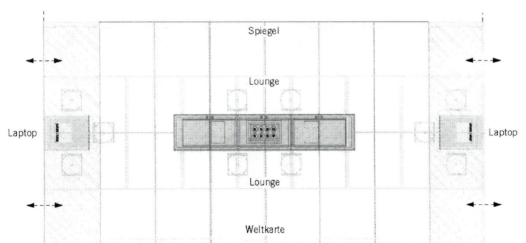

Bionische Raumwelle
Alupak

Aussteller
 Alupak AG, CH-Belp

Messe
 Interpack Düsseldorf

Design
 basierend auf der Diplomarbeit von
 Andrea Schenk, Britta Eikelmann,
 FH Detmold/Hamburg, überarbeitet
 von Designteam Urs Hofer, Chris Heidrich,
 CH-Bellach

Messebau
 Creaworld AG, CH-Bellach

Fotos
 Philipp Schneider, Berlin

Standbauweise
 Indvidualbauweise mit modularen
 Rückwänden

Größe
 70 qm

Materialien
 Raumfolie aus 8 mm starkem PVC,
 Exponat-Tische aus dunklem Eternit.

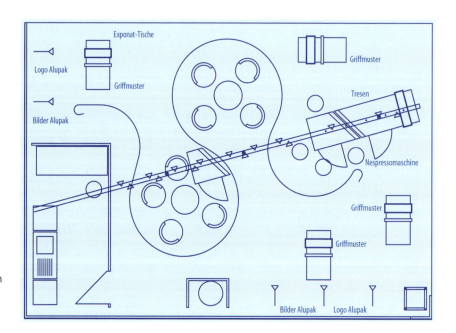

Natürliche, gebogene Formen standen für Umwelt-Bezogenenheit und Know How des Unternehmens.

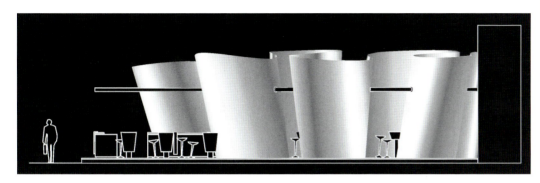

Als Grundlage des Entwurfs diente eine Diplomarbeit.

Konzept | Alupak wollte sich auf dieser Messe den Herstellern von Fertignahrung für Mensch und Tier als Marktführer im Bereich Nassfood-Verpackungen in einer Weise präsentieren, die sein hohes Know How verdeutlichen. Durch die Übernahme eines Verpackungsunternehmens und die eigene Zugehörigkeit zu diesem Wirtschaftszweig sollte zugleich vermittelt werden, dass das Unternehmen auch ein kompetenter Partner von Verpackungen ist, dessen Anliegen es ist, umweltschonend und umweltgerecht zu produzieren, viel Wissen und weniger Material einzusetzen – verbunden mit einem hohen Nutzen für den Kunden.

Design | Dieses CI-Prinzip der Umwelt-Bezogenenheit und des Know How wurde auf die Gestaltungsidee des Messestandes übertragen und in natürliche, gebogene Formen übersetzt. Beeinflusst wurde die Idee vor allem von dem Grundstoff, aus dem die Schalen hergestellt werden: einer dünnen Alufolie, die als Rollenware verarbeitet und extrem tiefgezogen wird. Für den Messeauftritt wurde diese durch eine transluzente Folie in eine dreidimensionale Lichtskulptur übersetzt, die Räume für Gespräche und Informationen formte und zugleich das spezielle Know How dieses Unternehmens symbolisierte. Die Produkte selbst wurden wie hochwertige Teile in eingeschobenen Glasvitrinen, in schweren, dunklen Exponatkuben gezeigt.

Die dreidimensionale Lichtskulptur formte die Räume für Gespräche und Informationen. Die Produkte wurden wie hochwertige Teile in eingeschobenen Glasvitrinen, in schweren, dunklen Exponatkuben gezeigt.

Interferenzeffekt
KPMG

Aussteller
 KPMG, Berlin

Messe
 Cebit, Hannover u.a.
 (insges. 500 öffentliche Auftritte/Jahr)

Konzeption/Design
 KMS Team, München

Architektur
 Schmidhuber + Partner, München

Messebau
 Ernst F. Ambrosius & Sohn, Frankfurt am Main

Auszeichnung
 Adam Award 2001,
 1. Preis in der Kategorie bis 150 qm

Standbauweise
 modular

Größe
 72 qm (konzipiert für 12 bis 100 qm)

Materialien
 Boden Esche-Parkett weiß lackiert, blaue Wand
 in Nextel lackiert, satinierte Glasscheiben ESG,
 Decke VSG Milchüberfangglas

Für Informationen fuhren per Knopfdruck Terminals aus den Wänden.

Ein vielschichtiges Sinnbild: interaktive Inszenierung von Menschen und digitalen Kodes.

Das großzügige themenbezogene Design stützte den Slogan.

Offene Ecken boten Einsicht in den großzügig und klar gestalteten Stand. Im Obergeschoss gab es Platz für Besprechungen mit Catering.

Konzept | KPMG hat nicht nur eine lange Tradition, es ist eines der weltweit größten Beratungs- und Wirtschaftsprüfungsunternehmen, das internationalen Konzernen, mittelständischen Unternehmen und öffentlichen Verwaltungen seine Leistungen anbietet. Unter dem Slogan »It's time for clarity« sollte für den ersten Messeauftritt auf der Cebit ein Messekonzept gefunden werden, das im Einklang mit dem CI-Design des Unternehmens stand, seine führende Marktposition deutlich machte und dabei die Innovationen, das Know How und seine modernen technischen Möglichkeiten hervorhob.

Design | Das themenbezogene Design stützte den Slogan »It's time for clarity«. Für die vier Geschäftsbereiche des Unternehmens standen vier freistehende dunkelblaue Quader mit davor liegenden satinierten Glasscheiben. Die aufgedruckte Ziffernfolge des Binärkodes ›0‹ und ›1‹ auf Glasscheiben und Quadern schuf mit der wechselnden Lichtführung eine vielschichtige lebendige Außenhaut, die Entscheidungsinhalte symbolisierte. Die dahinter laufenden Besucher ergaben ein reizvolles Sinnbild für das interaktive Zusammenspiel. An offenen Ecken konnten sie den großzügig und klar gestalteten Stand gut einsehen und ohne Hemmschwellen betreten. Im Obergeschoss gab es Platz für Besprechungen mit Catering. Für Informationen fuhren per Knopfdruck Terminals aus den Wänden. Der Messeauftritt avancierte zur Ikone der IT-Branche und war auf vielen Titelseiten zu sehen.

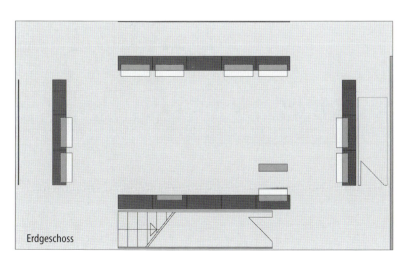

Erdgeschoss

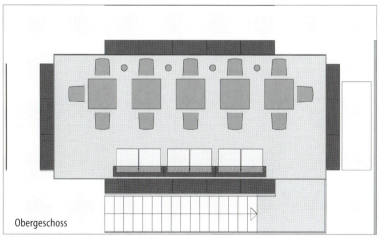

Obergeschoss

Lichtwechsel hinter Lamellen
Candle

Aussteller
: Candle GmbH, Ismaning

Messe
: Cebit, Hannover

Design
: Design Company, München

Messebau
: Design Company, München

Auszeichnung
: iF Design Award in Silber (2000)

Standbauweise
: modular

Größe
: 96 qm

Materialien
: Alu-Lamellen mit abgehängten Stoffbahnen für die Wände, Ahorn-Laminat-Boden, beleuchtete Glastheken, Terminals: gepulvertes Aluminium mit Glasauflage.

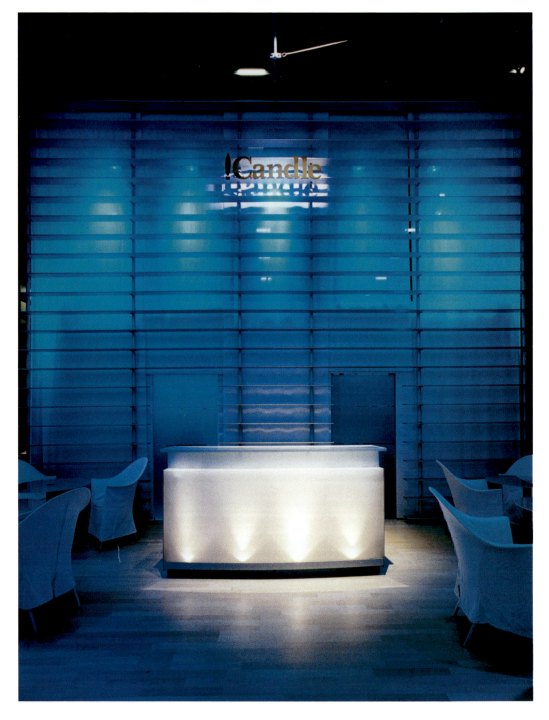

Das Mobiliar unterstrich die Transparenz und Leichtigkeit des Standes.

Flexibilität und Offenheit des Unternehmens: Luftige Architektur in Form von Lamellenwänden und Stoffbahnen.

Ein kontinuierlicher Lichtwechsel von Blau zu Grün, Gelb/Orange und Rot war ein ungewöhnlicher Eyecatcher.

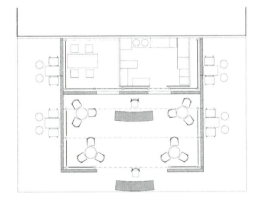

Konzept | Das in 56 Ländern vertretene Software- und Serviceunternehmen ermöglicht es Firmen, ihre eigenen e-Business Lösungen zu entwickeln. Die Ausweitung auf Performance- und Management- Lösungen erforderte eine strategische Neuausrichtung, die der Messestand zum Ausdruck bringen sollte. Candle wollte sich sowohl nach außen als auch nach innen für die Mitarbeiter als kompetentes, dynamisches, glaubwürdiges und innovatives Markenunternehmen zeigen, in dem sich die Kunden in einer leichten Atmosphäre wohl fühlen sollen.

Design | Flexibilität und Offenheit des Unternehmens wurden auf dem Stand durch eine luftige Architektur dargestellt, die von Lamellenwänden und Stoffbahnen gebildet wurde. Ein kontinuierlicher Lichtwechsel von Blau zu Grün, Gelb/Orange und Rot war ein ungewöhnlicher Eyecatcher und zugleich eine Möglichkeit, die Innovationsfähigkeit von Candle gestalterisch zum Ausdruck zu bringen. Ein zugrunde liegendes Raster erlaubte eine klare und transparente Unterteilung in Demonstrations-, Kommunikations- und Versorgungsbereiche. Das Mobiliar unterstrich mit seinen filigranen Metallgestellen die Transparenz und die Leichtigkeit des Standes, und spielte durch die Designqualität auch auf die technische Kompetenz des Unternehmens an.

Starke Lichtkuben
Monti-Crawatte

Aussteller
  Wolfgang Nolte GmbH, Krefeld

Messe
  Herrenmodewoche, Köln

Design
  Klaus Bürger Innenarchitektur
  mit Achim Venzke, Krefeld

Messebau
  Deco-Service Lenzen GmbH, Lohmar

Fotos
  Engelhardt/Sellin, Aschau i.Ch.

Standbauweise
  modular

Größe
  120 qm

Materialien
  Plexiglas-Doppelstegplatten für Wände,
  Corian weiß für Würfel, Deckenspanten
  aus Esche massiv, Boden aus Esche massiv
  Platten 1 x 1 m, Tische und Stühle aus
  Chromstahlrohr und heller Buche

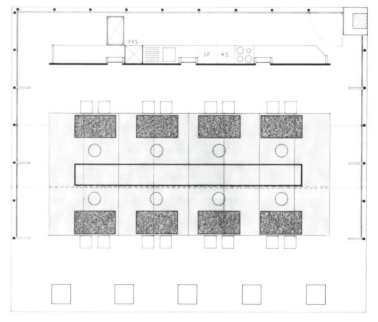

Die Leichtigkeit und Eleganz der Seidenkrawatte wurden zum Leitgedanken des Standdesigns.

Fünf weiße, hinterleuchtete Würfel mit den Buchstaben »Monti« begrenzten selbstbewusst den lichtvollen Auftritt.

Konzept | Der Krawatten- und Schalhersteller Wolfgang Nolte sieht sich als die Nummer eins der Krawattenbranche und bringt unter den Namen »Monti« hochwertige und edle Krawatten auf den Markt, die aus feiner Seide höchsten Ansprüchen genügen und vom Design her als selbstsicher, frech und mutig einzustufen sind, qualitätsvoll und progressiv. Genau diese Stärken sollte der Messeauftritt gegenüber den Händlern sichtbar machen aber auch die Leichtigkeit des textilen Materials widerspiegeln.

Design | Die Leichtigkeit und Eleganz der Seidenkrawatte wurden zum Leitgedanken der Designidee, die vor allem durch Materialien und Licht übersetzt wurde. Fünf weiße, hinterleuchtete Würfel mit den Buchstaben »Monti« begrenzten selbstbewusst den lichtvollen Auftritt: Transluzente Doppelstegplatten umfassten den Stand und gaben dem Raum etwas Schwebendes, das durch die gewölbte Decke noch verstärkt wurde. Leinwandflächen im Hintergrund dienten der Logo- und Themenprojektion. Kernstück des Standes aber war der »Kollektionsschrank« – ein langes Mittelraummöbel mit hinterleuchteten Glasflächen. Obendrauf saßen in endloser Reihe witzige, krawattentragende Tonfiguren, die »Monti-Macker«, Werbeträger und Deko-Element zugleich.

Die »Monti-Macker« – Werbeträger und Deko-Element zugleich.

Helles Lifestyleflair
Metzler Design Brillen

Aussteller
  Metzler Design Brillen Vertrieb GmbH,
  A-Linz

Messe
  ISPO, München

Design
  Design Company, München

Messebau
  Design Company, München

Standbauweise
  modular

Größe
  60 qm/in Großform bis 400 qm

Materialien
  Aluminium-Gerüst für Wände, Plexiglas
  und Kunststoffe, Glastheke mit Granitauflage, Stoffbahnen in Alu-Konstruktion,
  Laminatboden

Ein helles und großzügiges Ambiente, das mit wenigen Elementen das Thema »Design und Mode« transportiert.

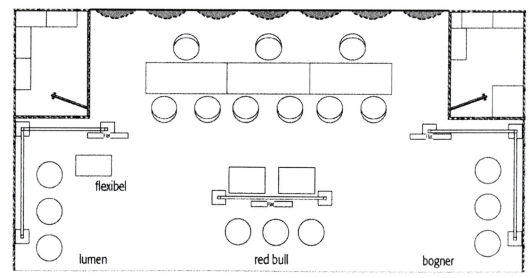

Dekorative Rückwand mit gewölbten Plexiglasscheiben assoziiert das Thema »Brillenglas«.

Produktbezogene Werbe- und Lifestylefilme.

Konzept | Metzler ist ein bedeutender Komplettanbieter von Brillenfassungen, Sonnen- sowie Sportbrillen für nationale und internationale Lizenzmarken mit eigenen Werken in Tschechien und Italien. Mit Marken wie Lumen und Bogner ist Metzler ein sehr Lifestyle-orientiertes Unternehmen, das vor allem junge, trendige Zielgruppen anspricht. Das intensive Sponsoring von Sport-, Musik- und Mode-Events unterstützt diese Strategie. Ein junger, frischer Messeauftritt sollte die Marken- und Marktposition von Metzler sichtbar machen.

Design | Die Eigenmarke »Lumen Eyewear« steht für Licht und Intelligenz und ist eine Mischung aus Fashion und Sport – eine Hightech-Sportbrille mit modischem Design. Für den Messestand wurde ein helles und großzügiges Ambiente geschaffen, das mit wenigen Elementen das Thema Design und Mode transportierte. Vor 5 m hohen Textilbannern mit dezentem Markenaufdruck wurden die Brillen auf Plexiglassäulen präsentiert. Produktbezogene Werbe- und Lifestylefilme von Bogner auf großen Flachbildschirmen belebten die Designpräsentation. Ganz ungezwungen konnten an einer hinterleuchteten Glastheke auf Design-Barhockern die Gespräche geführt werden. Blickfang dahinter war die große dekorative Rückwand mit gewölbten Plexiglasscheiben, die schon von weitem das Thema »Brillenglas« assoziierten.

Teppichbühne
Interface

Aussteller
   Interface Deutschland GmbH, Krefeld

Messe
   Orgatec, Köln und Domotex, Hannover

Design
   Tromberend und Bathen, Lüneburg

Messebau
   Zenon concept GmbH, Berlin

Fotos
   Uwe Spoering, Bonn

Standbauweise
   modular

Größe
   55 qm

Kosten
   ca. € 600/qm

Materialien
   Holzwand und Präsentationstisch Nussbaum furniert, Stahlkonstruktion für den Tisch, Teppichboden, Dekostoffe

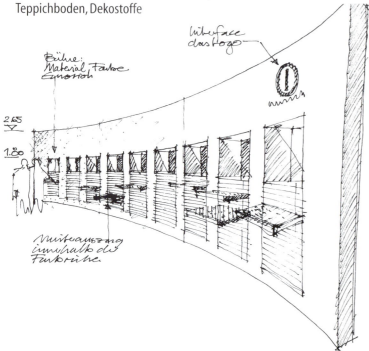

Messestand in Form einer Theaterbühne mit großem Vorhang.

Produktmuster in flachen Schüben, farbliche Inszenierung der Produktbereiche in den Nischen.

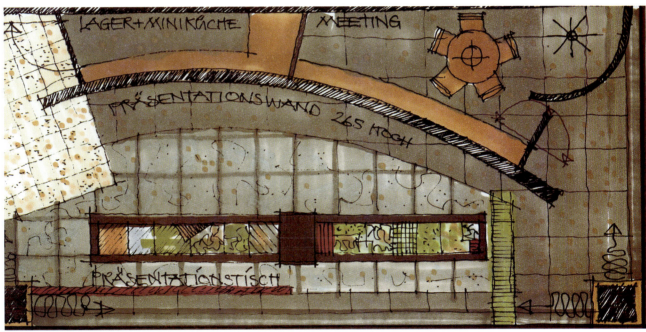

Konzept | Interface ist ein führender Hersteller von System-Teppichböden, Dekor- und Polsterstoffen, Doppelböden und Spezialprodukten für die Innenausstattung, der weltweit mit Architekten, Objektausstattern und Großunternehmen zusammenarbeitet. Um seinen Bekanntheitsgrad auch auf Deutschland auszuweiten, suchte er nach einem außergewöhnlichen Messeauftritt, der die Innovationen in Form und Funktion verdeutlicht. Er wünschte sich eine Bühne für globale Kompetenz und regionales Engagement, einen Imageträger der Firmenphilosophie und Produktpräsenz mit intensiver Beratungsmöglichkeit.

Design | Die Designer entwickelten für dieses Unternehmen tatsächlich einen Messestand in Form einer Theaterbühne. Ein großer Vorhang gab den Blick frei für Menschen und Produkte, die hier aufeinander trafen. Mittelpunkt des Geschehens war ein fast 7 m langer Präsentations- und Beratungstisch mit Teppichmustern und Planungsmitteln für Architekten sowie verschiebbaren Ablagen für Laptops und Getränke. Eine große gebogene Wand dahinter beinhaltete alle Produktarten, die als Muster in flachen Schüben herausgezogen werden konnten. In den Nischen darüber wurden die Produktbereiche farblich inszeniert. Das Produkt »Doppelbodensystem« war unter einer beleuchteten Glasplatte am Boden sichtbar. Insgesamt ein souveräner Messeauftritt, der Kompetenz ausstrahlte und durch eine signethaft einfache Bauform und eine reduzierte Produktpräsentation auf die Architekten als Zielgruppe anspielte.

Feuerstuhl-Legende
Indian Motorcycle

Aussteller
  Indian Motorcycle, Gilroy, Californien, USA

Messe
  Intermot Internationale Motorradmesse, München

Konzeption/Design
  Atelier Damböck Messebau, Neufinsing b. München

Messebau
  Atelier Damböck Messebau

Auszeichnung
  ADAM Award für ausgezeichnete Messeauftritte, 3. Preis Kategorie bis 150 qm

Standbauweise
  modular

Größe
  132 qm

Materialien
  Wandelemente mit lackierter Oberfläche, Kunststoff-Fliesen, Chromstahl

Rundungen an der Indian-roten Fassade wie bei den Oceanlinern der 30/40 er Jahre.

Lange American Bar wie in einem Diner.

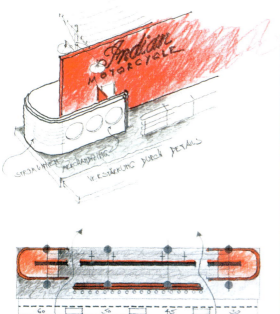

Runde Vitrinen für Merchandising-Produkte.

Logo von Indian Motorcycle.

Konzept | Indian Motorcycle stellte in den 50er Jahren ein legendäres Motorrad her – den »Indian Chief« – das über Jahrzehnte verschwand und nun als Neuauflage den Markt wieder erobern sollte. Bei seinem ersten Marktauftritt in Europa wollte sich der Hersteller als »Pionier des Motorradbaus« um die Legende der Route 66 mit zwei neuen Modellen und einem auffallenden Messeauftritt präsentieren. Er richtete sich auf der Messe vor allem an Händler zugleich aber auch an die Endkunden – typische »Easy-Rider«Fans, die genussvoll mehrere Wochen von Kanada nach Feuerland fahren, für Mythen und Legenden empfänglich sind und für die Motorradfahren eine Weltanschauung ist.

Design | Indian ist als einer der ältesten Mottorradhersteller der Welt untrennbar mit dem »American Way of Life« und dem Mythos der Route 66 verbunden, die symbolhaft in die Standidee eingingen. Auf einem 22 m langen und 6 m breiten Stand wurde plakativ eine Indian-rote Fassade mit Logo und Firmenschriftzug hingestellt, vor der die beiden Motorräder präsentiert wurden. Rundungen an der Fassade wie bei den Oceanlinern der 30/40 er Jahre mit runden Vitrinen für Merchandising-Produkte rahmten eine lange American Bar wie in den Dinern die Popcornmaschine und Wurlitzer-Musicbox. Die lange schmale Straße erinnerte an die Route 66, deren hölzerne Telegrafenmasten die Rückseite des Standes säumten. Der Messeauftritt zeigte eine zielgruppengerechte Reanimierung und Visualisierung einer Legende und Marke, die mit klarem und neuem CI-Design einprägsam inszeniert wurde.

Mode-Logo im 3D-Format
boo.com

Aussteller
  boo.com AG, München

Messe
  IFA, Internationale Funkausstellung, Berlin

Design
  mbco, Messe Bauer & Companions,
  München

Messebau
  mbco, Messe Bauer & Companions,
  München

Standbauweise
  Systemwände, verkleidet

Größe
  18 qm

Kosten
  low budget

Materialien
  Fußboden Kunstschiefer, Systemwände verkleidet, Dach – Aluminiumtraversensystem mit Stoff bespannt.

Retro-Farbigkeit der 70er Jahre. Low-Tech-TV-Monitoren zeigten die Vielfalt des Produktangebotes.

In abgewandelter Form wurde das Logo in dreidimensionale Wandformen übersetzt.

Konzept | boo.com, ein Internet-Anbieter für junge Mode, der heute in das Internet-Portal fashionmall.com integriert ist, wollte sich auf der IFA zum ersten Mal Endverbrauchern visuell und als Ansprechpartner präsentieren, um über sich als Unternehmen und seine Angebotsidee per Internet zu informieren. Die effektive Herausstellung der Corporate Identity und des neu gestalteten Logos standen dabei im Vordergrund des Low-Budget-Messeauftrittes. Entsprechend dem Warenangebot sollte der Stand vor allem junge, trendorientierte Käuferschichten ansprechen.

Design | In abgewandelter Form wurde das Logo in dreidimensionale Wandformen übersetzt, die durch ihre Retro-Farbigkeit der 70er Jahre stark ins Auge fielen. Eine Fläche aus neun gewölbten Low-Tech-TV-Monitoren gab die Vielfalt des Produktangebotes wider. Die abstrakten Wandfiguren im Standinneren stellten nicht einzelne Mode-Marken heraus sondern standen stellvertretend für die kosmopolite Coolness des Anbieters. Über dem Stand leuchtete weithin sichtbar wie in einem Sportstadion das Logo boo.com als schräg gestelltes Dach aus einem mit Stoff bespanntem Aluminiumtraversensystem . PAR 64 Stahler, die als Klassiker gelten und zum Retroanspruch passten, waren mit einer orangefarbenen Folie bestückt und verstärkten noch die Farb- und Fernwirkung des Standes.

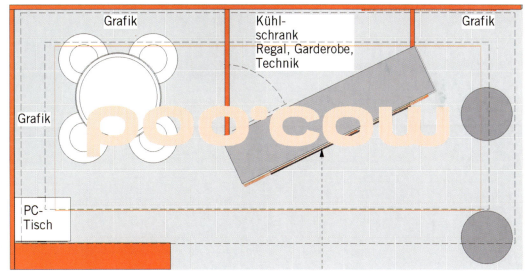

Witzige Fensterbilder
Goldhelm

Aussteller
  Fenster- und Türenfabrik Goldhelm, Wels

Messe
  Energiesparmesse, Wels

Design
  Blue Donau Projects, A-Haid

Messebau
  Blue Donau Projects, A-Haid

Standbauweise
  modular

Größe
  55 qm

Kosten
  Eigenbau des Ausstellers, ca. € 750/qm

Materialien
  lackierte Spanplatten, Holzboden

Marke »Eierkopf« mit Sitzflächen an seiner Zunge.

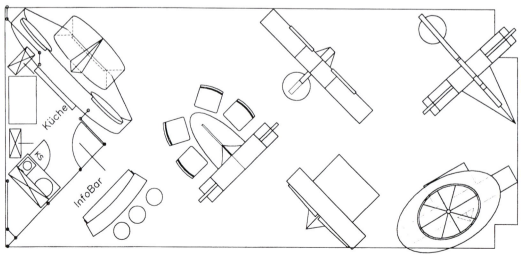

Stehplätze für die Kunden an den Nasen. Durchblicke und Nischen schufen die Plattform für das Gespräch.

Konzept | Die Firma Goldhelm, ein Welser Holzfenster-Hersteller, zählt mit 45 Mitarbeitern zu den eher Kleinen der Branche, die nur auftragsbezogen fertigen und dadurch sehr flexibel auf jeden Gestaltungswunsch reagieren können. Er bietet Haustüren, Wintergärten, Spezialfenster für den Altbau in modernster Technik und auf Wunsch in Sonderhölzern an. Sich auf dieser Messe den »Häuslebauern« zu präsentieren erforderte bei den nahezu gleichen Produkten eine sehr starke Präsentation. »Wir betrachten die Fenster als die Augen des Hauses« war denn auch die Unternehmensdevise. »So faszinierend wie die menschlichen Augen können auch Fenster sein«.

Design | In humorvoller Weise wurden auf den Stand stilisierte Köpfe gestellt, deren unterschiedlichste Fensterformen ihnen markante Gesichter verliehen. Hier schauten die Produkte die Kunden an. Marke »Eierkopf« mit Sitzflächen an seiner Zunge war ebenso vertreten wie ein lustiger Runder mit Hütchen oder ein Dreispitz mit klappbaren Rundaugen. Stehplätze für die Kunden an den Nasen, Durchblicke und Nischen schufen für das Standpersonal eine ungewöhnliche Plattform, auf der weniger der Preis als das persönliche Gespräch im Vordergrund stand. Dieser Messestand war nicht nur kommunikativ sondern auch variabel, denn für die eigene Präsentation konnten sich Händler auch mal nur zwei Köpfe als Exponat mieten.

Telekommunikation in Natura
Swisscom

Aussteller
  Swisscom AG, Bern

Messen
  Bea – Bern, Muba – Basel, Olma – St. Gallen, Comptoir – Lausanne

Design
  Studio Schaffer, CH-Basel

Messebau
  Ed. Borer AG, CH-Basel und Syma-Systems AG, CH-Kirchberg SG

Fotos
  Ruedi Habegger, Basel

Standbauweise
  modular und System

Größe
  80 bis 120 qm

Materialien
  Massivholz sägeroh, rostiger Stahl, Chromstahl gebürstet, lackiertes Glas, MDF schwarz klar-lackiert, Filz.

Eine offene »Piazza« diente Begegnungen, informativen Gesprächen oder einfach nur zum Ausruhen und Entspannen.

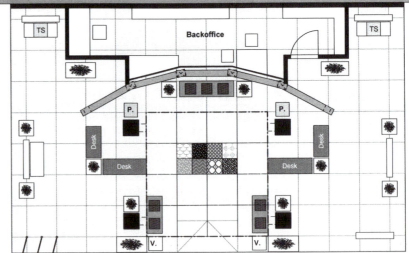

Ein Messestand, der ganz typische Schweizer Elemente transportierte, um die Nähe der Swisscom zur Herkunft ihrer Kunden spüren zu lassen.

Im Boden eingelegte Materialien stammten aus der Schweiz: Buchnüsse, Flechten, Moos, Maiskörner, Hirse, Linsen, Laub.

Konzept | Die Swisscom ist Marktführer in der Telekommunikation der Schweiz. Ihr Anliegen ist es, in einer sich ständig verändernden Welt die Menschen weiter und einander näher zu bringen. Bei ihren zahlreichen Auftritten auf verschiedenen Messen in der Schweiz ging es der Swisscom darum, Marketing-Anforderungen wie Authentizität, Connectivity (mit der Welt verbunden sein), Emotionalität und Heimat (Swissness) sichtbar zum Ausdruck zu bringen. Eng verbunden damit ist das Anliegen, ihre Kompetenz und ihr Engagement sowie eine große Kundennähe herauszustellen.

Design | Für die Umsetzung dieser Ideen wurde ein Messestand geschaffen, der ganz typische Schweizer Elemente transportierte, lebensfroh und natürlich erschien. Eine offene »Piazza« diente Begegnungen, informativen Gesprächen oder einfach nur dem Ausruhen und Entspannen. Der gesamte Stand war in einfachen, natürlichen Materialien gehalten. Neben einer Rückwand aus massiven hellen Kanthölzern tauchten Pflanzen wie Moos, Wiese, Haselstrauch, Buche, Weizen, Raps u.a. auf, um die Nähe der Swisscom zur Herkunft ihrer Kunden spüren zu lassen. Auch im Boden eingelegte Materialien stammten aus der Schweiz wie Buchnüsse, Flechten, Moos, Maiskörner, Hirse, Linsen, Laub. Rostiger Stahl für die Blumenkübel hingegen erinnerte an die Technik und an moderne Großbauten in der Schweiz. Ein unkomplizierter Stand, der von den Besuchern viel Lob erhalten hat.

Grafische Eleganz für Gentechnik
Novartis (Ciba/Sandoz)

Aussteller
  Novartis International AG, CH-Basel

Messe
  Olma, St. Gallen

Design
  Stefan Zwicky Architekt BSA/SIA,
  CH- Zürich

Messebau
  Schreinerei Giger, Zollikon und Strickler
  Reklamen, Zürich

Grafik
  WBG, Weiersmüller Bosshard Grüninger,
  CH-Zürich

Fotos
  Alexander Troehler, Zürich

Standbauweise
  individuell

Größe
  84 qm

Materialien
  farbig gespritzte Holzwände,
  Tannenholz-Dielen-Podest

Ein kritisches Thema wurde anschaulich, dezent und grafisch überzeugend präsentiert.

Drei große grafische Farbebenen bildeten einen offenen, leicht verständlichen Raum.

Konzept | Die zwei Schweizer Chemieunternehmen Ciba und Sandoz, heute Novartis, zeigten an der größten Landwirtschaftsmesse der Schweiz, Olma, ihre neuesten Forschungsergebnisse im Bereich der Gentechnik. In einem Informationspavillon beabsichtigten sie, beim Endverbraucher von Saatgut, dem Bauern, ein größeres Vertrauen in die Gentechnik zu wecken. Produkte wurden keine angeboten und da das Thema kontrovers war, traten auch die Firmennamen deutlich in den Hintergrund. Unter Slogans wie »Neue Wege in der Landwirtschaft, Gentechnik für die Sicherung gesunder Ernten«, wurden neben allgemeinen Informationen an den Pflanzen Mais und Zuckerrüben gentechnische Veränderungen durch Gegenüberstellung mit normalen Pflanzen anschaulich demonstriert.

Design | Als Informationsstand mussten die Exponate und Inhalte so aufbereitet sein, dass sie allgemein und ohne Beratung verständlich waren. Drei große grafische Farbebenen bildeten einen offenen, leicht verständlichen Raum, in dem sich die Besucher die Informationen per Text und Bild aneignen konnten. In eingebauten Vitrinen wurden am Beispiel von Mais und Rüben Krankheiten und Möglichkeiten durch gentechnische Veränderungen an Originalerzeugnissen gezeigt. Die farblich abgesetzten Wandscheiben griffen bewusst natürliche Grüntöne auf und kontrastierten mit der dunklen Rückwand, auf der allgemeine Informationen zu lesen waren. Bezug zur Natur stellte der helle Tannenholzboden her, der die Farbwände zusammenfasste, Bezug zum Forschungsinhalt hingegen zeigten Filme auf dem Monitor am Standrand. Ein kritisches Thema wurde anschaulich, dezent und grafisch überzeugend präsentiert.

Die farblich abgesetzten Wandscheiben griffen bewusst natürliche Grüntöne auf und kontrastierten mit der dunklen Rückwand.

In eingebauten Vitrinen wurden am Beispiel von Rüben Krankheiten und Möglichkeiten durch gentechnische Veränderungen gezeigt.

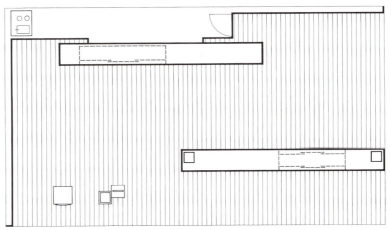

Signethaft
hmi

Aussteller
   hmi Unternehmensgruppe, CH-Zürich

Messe
   Internet Expo, Zürich

Design
   Edy Brunner, Concept & Design, Zürich

Messebau
   Edy Brunner, Concept & Design, Zürich

Standbauweise
   modular

Größe
   42 qm

Kosten
   ca. CHF 1200/qm

Materialien
   Aluminium eloxiert für Boden und Rückwand, schwarze Träger aus Aluminium schwarz lackiert, Theke aus MDF-Platten lackiert, Stühle in Aluguss und techn. Textilgewebe (aus den Büros von hmi)

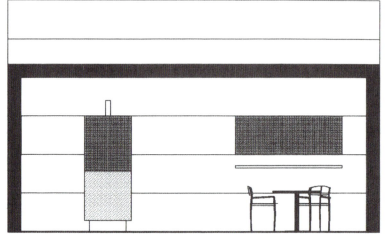

Eine lange rote Theke stand für Information und Kontaktaufnahme. Die schwarze Klammer definierte den Raum.

Das hmi-Logo wurde dreidimensional in eine einprägsame Standarchitektur übersetzt.

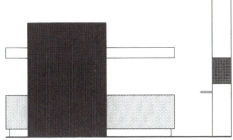

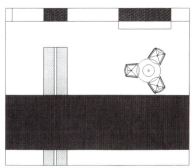

Konzept | Das Schweizer Software-Haus hmi informatik bietet speziell auf den Kunden abgestimmte Software-Lösungen für den Finanzsektor an, die durch enge strategische Partnerschaften mit führenden Anbietern von Hightech-Produkten ständig weiterentwickelt werden. Eine besondere Stärke von hmi liegt darin, Online-Anwendungen in komplexe Informatik-Landschaften zu integrieren. Zu ihren Kunden zählen Banken, Post- und Kommunikationsunternehmen, aber auch die Großindustrie. Als Softwarehaus ist für hmi die persönliche Kontakt- und Imagepflege auf der Messe besonders wichtig, um über ihre Produktwerte wie Innovation und Qualität persönlich zu informieren.

Design | Um sich von der Qualität und dem Image des Unternehmens eine Vorstellung machen zu können, wurde das hmi-Logo dreidimensional in eine einprägsame Standarchitektur übersetzt, die ebenso einfach und signethaft ist wie das Logo selbst – ein CI-Design, das auch im Unternehmen konsequent gelebt wird. Aluminiumplatten auf Boden und Wand schufen eine großzügige, technisch-elegante Plattform für das Unternehmen, deren Produkte auf Bildschirmen in der Wandnische präsentiert wurden. Hinter der Wand befanden sich eine Mini-Küche und ein Lagerraum. Eine lange rote Theke stand für Information und Kontaktaufnahme, wohingegen die schwarze Klammer den Raum definierte, Intimität erzeugte und die Beleuchtung enthielt.

Flexible Firmenwerte
Capricorn

Aussteller
  Capricorn, Mönchengladbach

Messe
  Techno Classica, Essen

Konzeption
  Beate Steil, Düsseldorf

Design
  Burkhardt Leitner constructiv, Stuttgart

Messebau
  Klartext, Krefeld

Fotos
  Markus Milde, Essen

Standbauweise
  Systemstand

Größe
  96 qm

Materialien
  System Burkhardt Leitner constructiv
  Pila Petite, transparente Stoffbahnen,
  mattiertes Glas, Aluminium und Edelstahl.

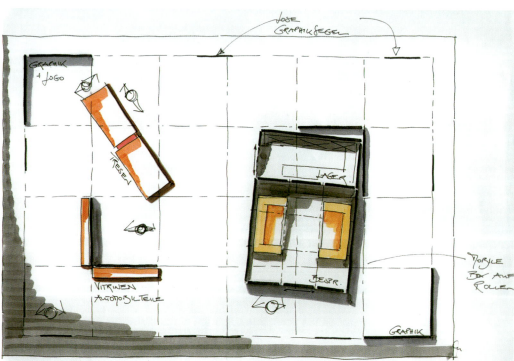

Eine reduzierte Standgestaltung, transparente Wandflächen und die Firmenfarben Rot, Vanille und Grau.

In Vitrinen glänzten formschön und schmuckartig die Motorenteile.

Intensivere Gespräche fanden in der Gesprächsbox auf Rollen im Standinnern statt.

Textile Fahnen mit Fotomotiven, die die Geschichte vom Rennsport und der Firma Capricorn erzählten.

Konzept | Qualität, Präzision und Ästhetik sind Unternehmensansprüche von Capricorn, einem Motorenhersteller für Rennsportfahrzeuge. Zu den Unternehmensbereichen gehören die Restaurierung historischer Rennfahrzeuge (engineering), die Fahrzeugentwicklung (automotive) und Projektentwicklung (von Architektur und Haustechnik). Capricorn suchte für seinen Auftritt ein flexibles Standkonzept, das seine Qualitäts-Philosophie und sein Erscheinungsbild wiedergibt, sich visuell am Verwaltungsgebäude in Mönchengladbach orientiert und in variabler Form ein bis drei Geschäftsbereiche darstellen kann. Im Vordergrund der Präsentation sollten weniger die Produkte stehen als Know How und Firmenphilosophie.

Design | Die Lösung für die Darstellung des Qualitäts- und Designanspruchs von Capricorn brachte das System Pila Petite von Burkhardt Leitner constructiv, das mit seiner leichten, technisch perfekten Struktur genau die Unternehmenswerte widerspiegelte. Eine reduzierte Standgestaltung, transparente Wandflächen und die Firmenfarben Rot, Vanille und Grau assoziierten die herausragende Architektur des Verwaltungsgebäudes von Capricorn. In Vitrinen glänzten formschön und schmuckartig die Motorenteile, umgeben von textilen Fahnen mit Fotomotiven vom Rennzirkus der 50er und 60er Jahre am Nürburgring, die die Geschichte vom Rennsport und der Firma Capricorn erzählten. Intensivere Gespräche fanden in der Gesprächsbox auf Rollen im Standinnern statt.

Erkundungstower
Systemfabrik

Aussteller
  Systemfabrik, Hamburg

Messe
  Cebit, Hannover

Design
  GfG Gruppe für Gestaltung, Bremen

Messebau
  Burka Messebau Fullservice GmbH, Wülfingen/Hannover

Auszeichnung
  iF Exhibition Design Award bis 50 qm

Standbauweise
  modular

Größe
  50 qm

Kosten
  € 2500/qm

Materialien
  Aluminium (Aludibond) für Fassade und Acrylglas-Beplankung innen auf einer Holzkonstruktion, Treppenbelag schwarzer Gummi, Velourteppich im EG, hochflooriger Wollteppich im OG, Microfaser-Stoffbezug für die Bank.

Im Obergeschoss wurde der Stand zur Lounge mit eigenem »Sounddesign«.

Leuchtende Stelen vermittelten im EG über Bildschirme Leistungsinhalte, unterstützt durch eine dezente Raumgrafik.

Ein schluchtartiger roter
Einschnitt dramatisierte
den Eingang.

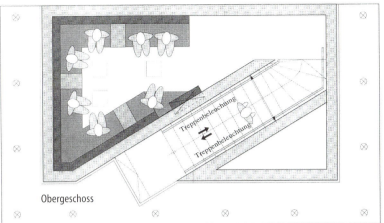

Obergeschoss

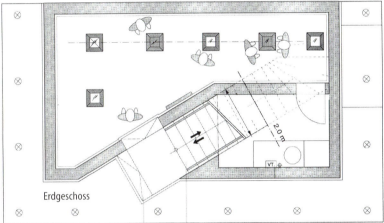

Erdgeschoss

Konzept | Zu den Kunden von Systemfabrik, die Software für die Kommunikation zwischen IT-Systemen entwickelt, zählen Entscheidungsträger großer Unternehmen mit komplexen Kommunikations- und Organisationsstrukturen. Mit dem Messestand sollte Laufpublikum eher fern gehalten werden, das Motto »explore« hingegen Partner und Kunden einladen, Produkte und die Firmenphilosophie kennen zu lernen. Die Selektion der Besucher machte es möglich, Kunden intensiv zu beraten, Kontakte zu pflegen und dabei die Produkte von Systemfabrik vorzustellen.

Design | Das Standdesign verkörperte ganz plastisch den Grundgedanken von »explore« – den Kern der Dinge erkennen. Nach außen hin wurde der Standkubus durch eine Verkleidung aus hellen Aluminiumplatten abgeschirmt. Ein schluchtartiger roter Einschnitt dramatisierte den Eingang, der im Erdgeschoss in einen hellen pulsierenden Raum, den Kern, führte, in dem das Licht zwischen Gelb und Weiß wechselte, um die Lebendigkeit von Systemfabrik zu symbolisieren. Leuchtende Stelen vermittelten über Bildschirme Leistungsinhalte, unterstützt durch eine dezente Raumgrafik. Im Obergeschoss wurde der Stand zur Lounge mit eigenem »Sounddesign«, um in ungezwungener und gedämpfter Atmosphäre Gespräche führen zu können. Das Gestaltungskonzept schloss neben dem Standdesign auch das Catering, den Sound, die Bekleidung und gezielte Bewerbung mit ein. Das Standsystem ist äußerst mobil, vielseitig einsetzbar und erweiterungsfähig.

Lichtbögen
LK Lichtdesign & Klangkonzept

Aussteller
  LK Lichtdesign & Klangkonzept, Essen

Messe
  Euroshop, Düsseldorf

Design
  Atelier Seitz GmbH, Niederneuching

Messebau
  Atelier Seitz GmbH, Niederneuching

Lichtdesign
  LK Lichtdesign & Klangkonzept, Essen

Standbauweise
  modular

Größe
  100 qm

Materialien
  Holzkonstruktion für Bögen mit
  Opera-Folie bespannt, Holzdielenboden,
  Großfotos

Kontrast zu den Lichtportalen und Clou zugleich war die 6 m hohe Rückwand, die »Kohlenwand«.

Konzept | »Licht als Botschaft« sollte der Messeauftritt des Essener Unternehmens LK Lichtdesign & Klangkonzept den Besuchern der Euroshop vermitteln, zu denen Gestalter, Messebauunternehmer, Konzeptentwickler aber auch Händler und Veranstalter gehörten. Es ging um die Positionierung von LK, um neue Ideen in der Licht- und Klangwelt, ohne viel Technik zu zeigen, aber auch darum, auf den interessanten Firmensitz in der Zeche Zollverein im Ruhrgebiet aufmerksam zu machen, der 2001 durch die UNESCO zur Stätte des Weltkulturerbes erklärt worden ist. Die enge Zusammenarbeit von LK Lichtdesign & Klangkonzept mit dem Messebauunternehmen Atelier Seitz bei vielen Projekten führte zu einem gemeinsamen Messeauftritt.

Design | Drei hintereinander gestaffelte Lichtportale mit wechselnden Farb-Szenarien lehnten sich an ein Theaterbühnenbild an, das von Besuchern und Standteam bespielt wurde. Die diagonale Orientierung zog die Besucher geradezu in den Stand hinein, die hier von einem spannenden Licht-, Klang- und Farbraum umhüllt wurden. Statt auffallender Technik wurden kleine RGB-Leuchten integriert. Kontrast zu den Lichtportalen und Clou zugleich aber war die 6 m hohe Rückwand, die »Kohlenwand«, die einen alten Kohlestollen mit Licht- und Toneffekten wiedergab, belebt durch Filmdokumentationen über den Bergbau früherer Tage. Mit Licht wurde gespielt, gestaltet, inszeniert und Emotionen geweckt.

Info und Wandscheibe im Farbenspiel.

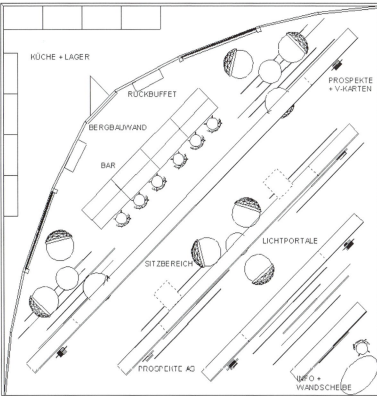

Drei hintereinander gestaffelte Lichtportale mit wechselnden Farb-Szenarien.

Die diagonale Orientierung zog die Besucher geradezu in den Stand hinein.

Inselwelt
Kappa Packaging

Aussteller
  Kappa Packaging, NL-Eindhoven

Messe
  Interpack, Düsseldorf

Konzeption
  Assenmacher Network GmbH, Köln

Design
  Braun Wagner, Aachen

Messebau
  Intersystems Corporate Presentation,
  Düsseldorf

Standbauweise
  modular

Größe
  ab 80 bis 500 qm

Materialien
  kunststoff-beschichtete Systemwände,
  Teppichboden, Trevira Power Stretch für die
  Textilmembran-Konstruktionen.

In den CI-Farben Blau und Grün präsentierten die Inseln auf grasgrünem Teppichboden die einzelnen Produktbereiche.

Besonders lebendig wurde der Stand durch Farbwechsel der floralen Segel von Weiß über Blau zu Gelb.

Die Segel umkreisen wie Schiffe ein ovales Zentrum für Information und Besprechung.

Kundengespräche hoch oben »auf Deck«.

Konzept | Kappa Packaging ist einer der größten europäischen Hersteller von Recyclingpapier, Kartons Vollpappenverpackungen, Wellpappen und grafischen Kartons, die hohen Qualitäts- und Umweltanforderungen genügen. Auf dem Messestand wollte sich Kappa Packaging seinen Firmenkunden als Partner mit großer Marktstärke präsentieren, die in einer ungewöhnlichen Standarchitektur zum Ausdruck kommen sollte und die völlig anders ist als die der Mitbewerber. Der Stand sollte die Stärke des Unternehmens genauso wie seine Differenziertheit vermitteln, die Besucher in einem offenen und hellen Umfeld fröhlich empfangen, Vertrauen, Wohlfühlen und Wertschätzung wecken.

Design | Weithin sichtbar machten große, weiße, bionisch geformte Segel auf Kappa Packaging aufmerksam, die wie Schiffe ein ovales Zentrum für Information und Besprechung umkreisen, das ebenfalls von einer flexiblen textilen Membrane umspannt wurde. Die ungewöhnlichen Textilformen standen für Innovation und Flexibilität eines Marktführers, der auch für individuelle Ansprüche Lösungen entwickelt. In den CI-Farben Blau und Grün präsentierten die weiß umhüllten blauen Inseln auf grasgrünem Teppichboden die einzelnen Produktbereiche, die neben Information und Betreuung auch Originalprodukte enthielten. Besonders lebendig wurde der Stand durch einen durch Licht gesteuerten allmählichen Farbwechsel der floralen Segel von Weiß über Blau zu Gelb. Eine leuchtende, fröhliche Inselwelt, durch die die Besucher navigierten und in der hoch oben »auf Deck« Kundengespräche stattfanden.

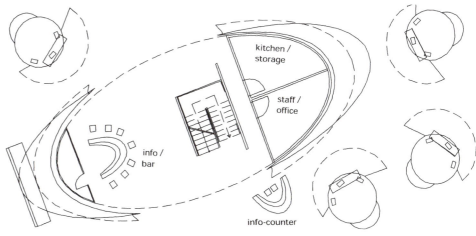

Große, weiße, bionisch geformte Segel weckten Aufmerksamkeit.

Orchesterprobe
Amadee

Aussteller
  Amadee AG, Minden

Messe
  Systems, München

Design
  Commserv GmbH, Frankfurt/Main

Messebau
  Enjoy, Paderborn

Standbauweise
  konventionell

Größe
  80 qm

Materialien
  Partitur gedruckt auf Procédés Chénel Drop-Print, Dirigentenhand aus Forex – ausdekupiert, Baukörper Stahlkonstruktion holzverkleidet, Teppichboden, Decke aus Trevira CS.

Unter dem Motto »Conducting Systems. Amadee« wurde eine plakative Bildwelt entwickelt.

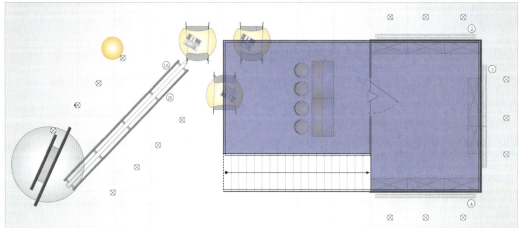

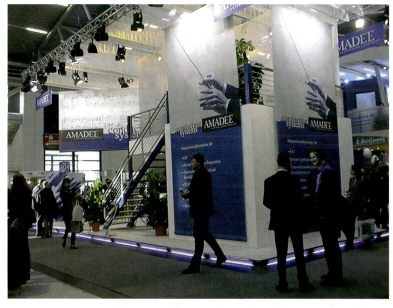

Vor einem doppelstöckigen, konventionell gebauten Standkörper wurde eine 2,50 m hohe Dirigentenhand als freistehendes Objekt platziert.

Konzept | Amadee, ursprünglich im Bereich Musiksoftware angesiedelt, hat als Softwarehersteller eine Integrationsplattform entwickelt, mit der Geschäftsprozesse und Anwendungen system- und unternehmensübergreifend miteinander verbunden werden können. Zu ihren Kunden zählen Geschäftsführer, Vertreter des gehobenen Managements und IT-Entscheider. Mit einem aufsehenerrregenden Stand, der die starke Position des Unternehmens herausstellt aber auch die Marke und das Image verkörpert, sollten vor allem Neukunden angesprochen und generiert werden.

Design | Unter dem Motto »Conducting Systems. Amadee« wurde eine plakative Bildwelt entwickelt, die einen komplexen Sachverhalt durch die Standidee vermittelt. Dazu wurde eine Analogie zur Welt der Musik aufgebaut, die mit dem Namen schnell verbunden wurde. Bei dieser Idee war Amadee der Dirigent der Systeme, die Software die Partitur und die Musikinstrumente waren die Systeme, die perfekt und harmonisch zusammenspielten. Vor einem doppelstöckigen, konventionell gebauten Standkörper wurde eine 2,50 m große Dirigentenhand als freistehendes Objekt platziert. Der Dirigentenstab stellte die Verbindung zu einer abgehängten Mozart-Partitur her. Laut einer Befragung kamen 45 % der Neukunden-Kontakte durch die ungewöhnliche Standgestaltung zustande.

Typisch Shopping Mall
Palladium

Der inhaltliche Anspruch wurde in einen Messestand übersetzt, der typische Elemente von Shopping Centern aufwies.

Aussteller
  Palladium, USA-New York,

Messe
  ICSC International Council of Shoppingcenters, Las Vegas

Design
  Lorenc+Yoo Design, USA-Roswell

Messebau
  Geograph Industries, USA-Harrison

Standbauweise
  konventionell

Größe
  ca. 83 qm

Materialien
  blaugrünes Plexiglas stand für Glas, farbig lackierte Holzflächen in cremegrau für Kalksandstein, grünbraun für Kupfer, violett und apfelgrün für Gipswände, gebürstetes Aluminium, Teppichboden.

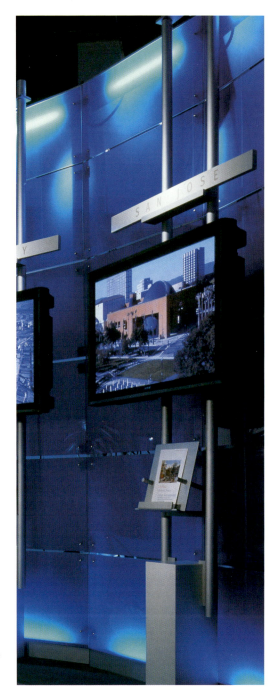

Auf Flatscreens wurden aktuelle Bauvorhaben in Videoshows vorgestellt.

Große elliptische textile Beleuchtungselemente schirmten die Besprechungsräume nach oben hin ab, die in ihrer Formensprache und Farbigkeit typische Shoppingcenter Materialien übersetzten.

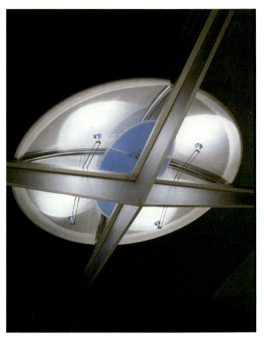

Konzept | Auf der ICSC Messe treffen sich Shoppingcenter Inhaber, Entwickler, Investoren, Marketing-Spezialisten, Planer und auch Händler. Palladium ist ein junges, innovatives Immobilien-Entwicklungsunternehmen, das u.a. Projekte wie das AOL Time Warner Center in N.Y. betreut. Auf dieser Messe wollte es seinen Anspruch und seine Fähigkeiten im Bereich großer Shoppingcenter und Shopping Malls herausstellen und mit neuen Kunden ins Gespräch kommen.

Design | Der inhaltliche Anspruch wurde in einen Messestand übersetzt, der typische Elemente von Shopping Centern aufwies. Ein weithin sichtbarer, architektonisch geformter Firmenschriftzug prangte wie in einem Superkino über dem Stand. Das seitliche schmale Baumonument markierte die Architekturbezogenheit und die gebogene Glaswand erinnerte an das Flair endloser Glasfassaden. Vor dieser blaugrünen Wand wurden galerieartig und hochwertiger als in der Branche üblich, auf großen Flatscreens aktuelle Bauvorhaben in Videoshows vorgestellt. Die Glaswand begrenzte und belichtete dahinter liegende Besprechungsräume, die in ihrer Formensprache und Farbigkeit typische Shoppingcenter Materialien übersetzten. Große elliptische textile Beleuchtungselemente schirmten nach oben hin ab.

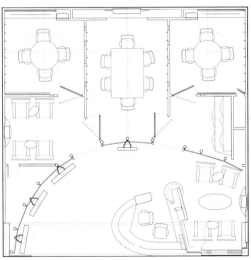

Waschsalon für Altlasten
Eberhard

Aussteller
: Eberhard Unternehmungen, CH-Kloten

Messe
: MUT, Messe für Umwelttechnik, Basel

Konzeption/Design
: Otmar Heeb, HEEB Ltd., CH-Kempten

Messebau
: Fürst Messebau, CH-Pratteln

Preise
: Auszeichnung durch Schweizer Art Directors Club

Standbauweise
: konventionell, Modulentwicklung für weitere Ausstellungen

Größe
: 28 qm

Kosten
: ca. SFr. 1500/qm

Materialien
: Kalksandsteine, Zementboden, verzinkte Bleche, Stahlrohre.

Immer den Waschvorgang vor Augen trafen sich die Besucher für Information und Kontakte an der Bar.

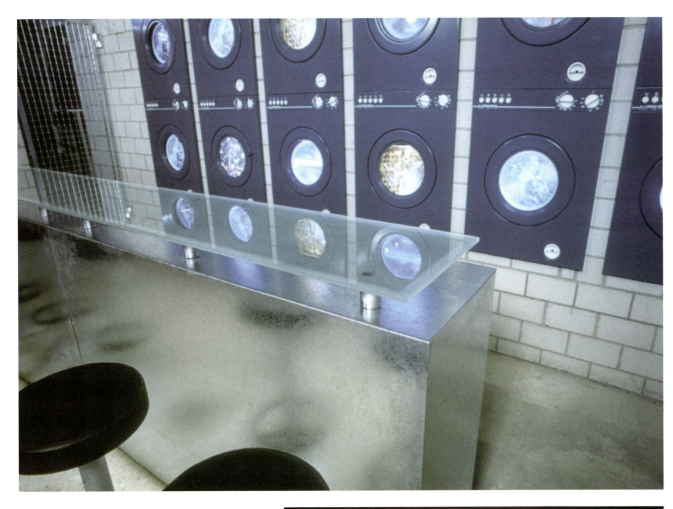

Bar aus verzinktem Industrieblech mit Glasabdeckung.

Die Altlastsanierung wurde visuell in eine Installation übersetzt, die den Waschvorgang in einer Großwaschanlage modellartig in einen Waschsalon verlegt.

Konzept | Das Unternehmen ist in der Schweiz Marktführer auf dem Sektor der Altlastsanierung und bietet Konzepte zur Wiederaufbereitung von kontaminierten Boden- und Baumaterialien an. Zu ihren Kunden zählen Bauunternehmen, Muldentransportfirmen, die Öffentliche Hand, Bahnen und Privatfirmen. Mit einem ungewöhnlichen Auftritt wollte das Unternehmen nicht Leistungen und Konzepte auf der Messe vorstellen, sondern durch eine verblüffende Idee auf seine Stellung im Markt aufmerksam machen. »Wir sind Pioniere in der Altlastsanierung«.

Design | Die Altlastsanierung, die vielfach auch das Bodenwaschen beinhaltet, wurde visuell in eine Installation übersetzt, die den Waschvorgang in einer Großwaschanlage von 120 000 Tonnen Kapazität modellartig in einen Waschsalon verlegt. Dafür wurde ein Kellerraum aus Sandsteinziegeln gebaut, mit Rohrleitungen unter der Decke, die das Licht aufnahmen. An der Rückwand waren 18 Waschmaschinentüren als Monitore montiert, auf denen ein Film ablief, in dem Kiesel und Schlämme rotierten mit realen Waschgeräuschen. Immer den Waschvorgang vor Augen trafen sich die Besucher für Information und Kontakte an der Bar aus verzinktem Industrieblech mit Glasabdeckung, tranken dabei blaue Getränke (Hausfarbe) und aßen Kieselbonbons.

Elektronische Energie
ePropose

Metapher für die Bewegung und das Fließen von Energie und Licht. und Dynamik des Firmenlogos.

Licht, Energie und Raum wurden auf der kleinen Standfläche durch hinterleuchtete, transluzente und reflektierende Materialien sichtbar.

Aussteller
  ePropose, USA-San Francisco

Messe
  Ground Zero 4, Los Angeles

Design
  General Graphics Exhibits, San Francisco,
  Douglas Donaldson, Michael Mood

Messebau
  General Graphics Exhibits, San Francisco

Fotos
  Padgett and Company, Chicago/Ill.

Auszeichnung
  Exhibition Design Award in Silver

Standbauweise
  modular

Größe
  18,6 qm

Kosten
  $ 225/square foot

Materialien
  transluzente Polycarbonat Rückwand,
  pulverisierte Metallarbeiten, geperlter
  Laminatboden auf Holzkonstruktion,
  lackierte Holzflächen.

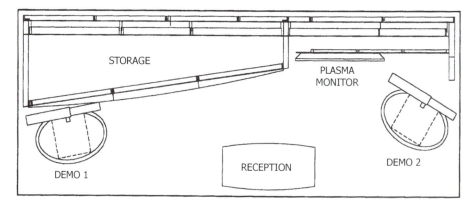

Möbel und Demo-Stationen in den CI-Farben Blau und Orange.

Konzept | ePropose ist ein B2B Softwarehersteller, der eine ganz neue Plattform für Managementsysteme entwickelt hat und diese auf der Messe in adäquater Form präsentieren wollte. Um die Bedeutung seiner Softwareentwicklung herauszustellen, sollte sich auch der Messestand von den anderen vollkommen abheben, dabei sollte sowohl das Corporate Image von ePropose als auch seine Botschaft in faszinierender Weise in Szene gesetzt werden. Die Attraktivität des Standes sollte auf die Kreativität des Unternehmens aufmerksam machen, die Demonstrationen hingegen die Technologie erkennen lassen.

Design | Ideengeber für den Messestand war die Website des Unternehmens, auf der Elektronen durch atomare Energie herausgeschleudert werden und nun als Metapher für die Bewegung und das Fließen von Energie und Licht gestalterisch genutzt wurden, um die Dynamik und Kreativität des Softwareherstellers zu übersetzen. Licht, Energie und Raum wurden auf der kleinen Standfläche durch hinterleuchtete, transluzente und reflektierende Materialien sichtbar, während Möbel und Demo-Stationen die CI-Farben Blau und Orange und die Dynamik des Firmenlogos widerspiegelten, das dezent in den Hintergrund trat, während vor einer Gitterwand auf einem großen Monitor die Firmengeschichte erzählt wurde.

Son/der/ab/fall
Altola

Aussteller
: Altola AG, CH-Olten

Messe
: MUT (Messe für Umwelttechnik), Basel

Konzeption/Design
: Otmar Heeb, HEEB Ltd., CH-Kempten

Messebau
: Fürst Messebau, CH-Pratteln

Standbauweise
: modular (für mind. 10 Jahre)

Größe
: 42 qm und 72 qm

Kosten
: ca. € 600 –1000/qm

Materialien
: Stahlkonstruktion, dünne Stahlwände, Holzboden, Wasser, edle Tisch- und Sitzmöbel von Vitra.

Grafische und bauliche Übersetzung der Firmenfarben Blau und Weiß.

Spielerische Effekte mit kuriosen Wort-Neuschöpfungen durch Verschieben der Wandelemente.

Die Leistungsschwerpunkte wurden auf die Außenhaut des Standes übertragen.

Konzept | Seit über 30 Jahren befasst sich das Schweizer Dienstleistungs-Unternehmen mit der Aufbereitung und Verwertung von Sonderabfällen, die als Wertstoffe dem Markt wieder zugeführt werden. Altola steht für Sonderabfall, Trennung, Recycling und Entsorgung. Zu ihrer Zielgruppe auf der Messe zählen Umweltverantwortliche in Unternehmen und Staatsverwaltungen, denen sich Altola auf der Messe als herausragender Partner in der Umwelttechnik zeigen und dabei den Bereich »Trennung« herausstellen wollte. Das Thema sollte sauber und frisch mit Intellekt vermittelt, ohne Worte verstanden und in einem Umfeld präsentiert werden, das aus dem üblichen Messe-Info-Überangebot ausbricht. Die »Oase der Abfallwüste« sollte Ruhe und Sachlichkeit, Herzlichkeit und Freude ausstrahlen.

Design | Der gesamte Messeauftritt wurde grafisch und baulich in den Firmenfarben Blau und Weiß übersetzt und strahlte damit große Frische aus. Die Leistungsschwerpunkte wurden grafisch aufgegriffen und auf die Außenhaut des Standes auf verschiebbare schmale Trennwände aus Stahl übertragen. Durch die dudenmäßige Zerlegung in Silben ergaben die Wände beim Hintereinander-Verschieben spielerische Effekte mit kuriosen Neuschöpfungen wie Ab/son/der/fall oder Son/der/fall/ab. Genauere Informationen erschienen im Fließtext. Im Standinnern blieb es ruhig, offen und kühl und bot viel Platz für Gespräche. Hinter der Bartheke lief Wasser über ein Chromblech und reinigte die »problemgeschwängerte« Luft der MUT.

Im Standinnern blieb es ruhig, offen und kühl für Gespräche.

2. Präsentation von Produkten und Dienstleistungen

Love Plates – Glasteller-Spiel
Mascioni – Stoffliche Entscheidung
Lignatur – Spannweite
Seiko – Titan-Plastik
Rotring – Rote Arkade
Koleksiyon – Farbig eingerahmt
Mono – Schwarz-Blaue Tischkultur
Wild + Küpfer – Granitverstecke
Schüschke – Waschtische zum Abheben
ComputerBild – Informationen aus dem All
Heggenstaller/Lignatur – Holzplastik à la Mondrian
Kunzweiler – Lichtvoller Freischwinger
Kalamazoo – Auto-Visionen
Wallmedien – Softline-Visionen
Bisazza – The Great Wave
Leonardo – Wasser für die Sinne
Aventis – Glowing Bones
Parx – Entspannung im Schaukelstuhl
Heuger Blumen – Blumen Blow Up
Moormann – Nomadic Furniture
Ramlau + Siebert – Farbverläufe
Electra Zelluce – Tempel-Licht
LFF – Licht-Garage

Glasteller-Spiel
Love Plates

Aussteller
  PLATES GmbH Europe, Bad Driburg

Messe
  Ambiente, Frankfurt/M.

Konzeption
  Melanie Weisweiler, Kirchentellinsfurt

Design
  Melanie Weisweiler, Weiterentwicklung
  durch Braun Wagner, Aachen

Messebau
  Display International, Würselen

Standbauweise
  modular

Größe
  64 qm (und größer)

Materialien
  Weißes Glas hinterleuchtet, transparenter
  Kunststoff, weißes Leder, Ballonseide,
  weißer Lack für Wände und Mittelsäule

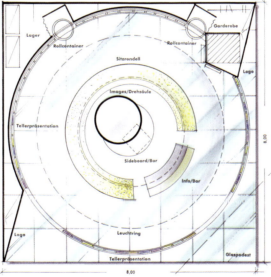

Runder Messestand auf quadratischem Grundriss von 8 x 8 m.

Ein hinterleuchtetes Glaspodest als Plattform für die ungewöhnlich leichte Produkt-Präsentation, überwölbt von einer Decke aus Ballonseide.

Runder Messestand, der in seiner Farbenfreude auf die Welt der Mode und Kosmetik anspielte.

Konzept | Das traditionsreiche hessische Glasunternehmen Walther-Glas, das einfache Pressglasprodukte herstellt, wollte mit diesem Messeauftritt eine neue Produktlinie vorstellen, die völlig andere Wege in der Ansprache der Zielgruppen ging als bisher. Dafür entwickelte die Designerin Melanie Weisweiler aus dem Glas einen Teller – das einfachste Produkt der Welt. Doch anders als bisher wurde es werblich mit Inhalten und Emotionen angereichert, in drei Größen und 50 verschiedenen Farben angeboten, um wie in der Mode mit den Farben und Größen spielen zu können. Der Teller als Ausdruck eines Lebensgefühls. Die Entwicklung schloss Produkte, Namen, eine Werbestrategie und das Messestand-Design mit ein. Farbig, transparent und emotional wie die Produktinhalte sollte auch der Stand sein.

Design | Eingehend auf die Produktidee entstand ein runder Messestand, der in seiner Farbenfreude auf die Welt der Mode und Kosmetik anspielte. Ein hinterleuchtetes Glaspodest bildete die Plattform für die ungewöhnlich leichte Produkt-Präsentation. Dafür waren transparente Plastikkissen vertikal an einem runden Airframe aufgehängt worden, die die gesamte Farbpalette der Teller zeigten und zugleich eine Präsentationsmöglichkeit für den Handel darstellten, ergänzt durch farbige Glasschüsseln an dünnen Drähten oder in durchsichtigen Plexiglasregalen. Das Zentrum der Tellerinszenierung bildete eine weiße Lederbank, die sich um eine weiße Mittelsäule mit den Werbefotos der Love-Plates-Kampagne zog, überwölbt von einer Decke aus Ballonseide, die dem Stand etwas »Abgehobenes« gab.

Neue Standversion mit abgehängten Stoffbahnen.

Hängende Präsentation der farbigen Schüsseln.

Stoffliche Entscheidung
Mascioni

Aussteller
  Mascioni SpA, I-Cuvio-Varese/Milano

Messe
  Pitti Casa, Florenz

Design
  Studio D'Architettura Simone Micheli, Florenz

Messebau
  Barberini Allestimenti, Ponterio di Monterado

Standbauweise
  konventionell

Größe
  ca. 64 qm

Materialien
  weißes, lackiertes Holz am Boden, Glaswände, Edelstahlstreifen, Polystyren-Pendel, Tische mit Keramikplatte.

Standkonzeption als übergroßes begehbares Schaufenster.

Zwischen den beiden Kegeln taumelte bei Berührung ein übergroßes silbernes Pendel, das Symbol von Dream Linen.

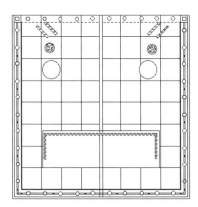

Ein Edelstahlstreifen am Boden teilte den Stand in zwei Bereiche.

Konzept | Mascioni hat nicht nur eine lange Tradition sondern ist auch der größte Textilveredler in Europa, der als hochwertiger Drucker für »luxuriöse Oberflächen« gilt, die einer Marke gleich von den Kunden als Mascioni-Drucke erkannt werden. Auf der Heimtextilienmesse Pitti Casa präsentierte sich das Unternehmen zusammen mit zwei Partnern (Bellora und Lanificio Canapificio Nazionale), um Textil-Händlern das neue gemeinsame Produkt »Dream Linen« vorzustellen, ein knitterfreies, hochwertiges Leinen. Auf dem Messestand sollte die besondere Qualität des neuen Produktes herausgestellt und verglichen werden können.

Design | Für die Hochwertigkeit des neuen Produktes wurde der Stand als übergroßes begehbares Schaufenster konzipiert, in dem die beiden Stoffe angesehen und verglichen werden konnten. Dafür wurde ein weißer, stilisierter Raum geschaffen, dreiseitig mit Glaswänden geschlossen, hinter denen an zwei Seiten die beiden unterschiedlichen Leinenarten hingen. Ein Edelstahlstreifen am Boden teilte in zwei Bereiche, in dem sich zwei raumhohe Kegel mit den beiden Stoffarten leicht drehten – große Blickfänge zum Anfassen und Begreifen. Auf kleinen Tischen daneben lagen edle Stahlstäbe mit den Logos der beiden Partner eingraviert. Mitten zwischen den beiden Kegeln taumelte bei Berührung ein übergroßes silbernes Pendel, das Symbol von Dream Linen. Alternierendes Deckenlicht unterstrich diese Stoffinszenierung.

Edle Stahlstäbe mit den Logos der beiden Partner.

Spannweite
Lignatur

Aussteller
: Lignatur AG, CH-Waldstatt

Messe
: Swiss Bau, Basel

Design
: Roland Eberle und Dani Schneider, Zürich

Messebau
: Lignatur AG und Gläser AG, CH-Baden-Dättwil

Fotos
: Pia Grimbühler (Italien)

Standbauweise
: modular

Größe
: ca. 60 qm

Materialien
: einheimisches Tannenholz für Möbel und Mittelkubus. Lignatur-Modul aus Tannenholz für Boden, Dach und Möbel.

Eine Art Messepavillion versinnbildlichte die Eigenschaften des Holzbauelementes.

Konzept | Der Schweizer Hersteller eines vorgefertigten Holzbaumoduls aus einheimischem Tannenholz, das auch direkt von ihm montiert wird, wollte einen Messestand, auf dem er Architekten und Bauherrn aber auch Zimmerleuten sein Produkt vorstellen konnte. Besonders herausgestellt werden sollten die Eigenschaften wie: Geringes Eigengewicht und große Spannweiten bis zu 15 Metern, ein Element, das kostengünstig ist und eine flexible Gestaltung erlaubt, die obendrein ein komfortables Wohngefühl vermittelt. Die Botschaft lautete daher: »Das tragende Element aus Holz für große Spannweiten«.

Design | Eine Art Messepavillion versinnbildlichte die Eigenschaften des Holzbauelementes in sehr einfacher Form. Auf einer offenen Holzfläche stand ein hinterleuchteter Kubus, für Lager und Garderobe, der mit einem großen überkragenden Dach – 10 m frei – abgedeckt war. Das Dach zeigte die Möglichkeit der großen Spannweite aber auch die Eleganz, die damit verbunden sein kann. Einfache Holztische aus dem Holzelement dienten zur Auflage von Prospekten und Katalogen. Besondere Aufmerksamkeit aber zog die 30 cm dicke, beleuchtete Rückwand auf sich, auf der als Hintergrund-Botschaft alle Materialeigenschaften zu lesen waren.

Einfache Holztische aus dem Holzelement dienten zur Auflage von Prospekten und Katalogen.

Beleuchtete Rückwand, auf der als Hintergrund-Botschaft alle Materialeigenschaften zu lesen waren.

Hinterleuchteter Kubus für Lager und Garderobe.

Titan-Plastik
SEIKO

Aussteller
: Seiko Optical Products of America Inc., Mahwah, NJ, USA

Messe
: Vision Expo, USA

Design
: Sprick Creative, Redmond, WA, USA

Messebau
: Exponents Inc. San Diego, USA

Auszeichnungen
: Exhibit Design Award in Gold

Größe
: 36 und 54 qm

Standbauweise
: Modular, Mehrfacheinsatz

Materialien
: Titan, Glas, Laminatboden

Filigrane Bögen erinnerten an Brillengestelle und umspannten die Arbeitsplätze.

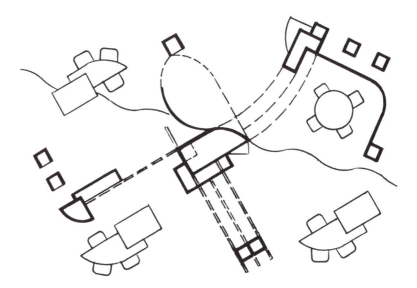

Offene, begehbare Großplastik mit abwechslungsreichen Formen und Funktionsbereichen.

Die Farben des modularen Standes verweisen auf das neue Material Titan.

Konzept | Seiko, ein internationales Unternehmen für optische Produkte, hatte fünfzehn Jahre lang den gleichen Messestand. Mit einem neuen Auftritt wollte es den Händlern auch sein verändertes Image und seine Marktstärke deutlich machen. Neben der Vorstellung von zwei neuen Produktlinien ging es dem Unternehmen vor allem darum, durch die Formgebung des Standes einen Blickfang zu schaffen und zugleich auf das neue Material Titan für Brillengestelle aufmerksam zu machen. Design und Qualität des Standes sollten die Wertigkeit der Produktqualität ausdrücken.

Design | Als Inselstand mit einer Größe von 6 x 6 und 6 x 9 m wirkte dieser Auftritt mit seinen abwechslungsreichen Formen und Funktionsbereichen wie eine offene, begehbare Großplastik, dabei einladend und innovativ wie die Produkte selbst. Ein flacher Turm mit Firmenschriftzug war Blickfang und Symbol für die Marktbedeutung von Seiko. Filigrane Bögen erinnerten an Brillengestelle und umspannten die Arbeitsplätze, denen unterschiedliche Glasvitrinen für die Produktpräsentation zugeordnet waren. Die Farben des modularen Standes verwiesen auf das neue Material Titan. Die Bauteile des Standes sind für verschiedene Standgrößen konzipiert und haben einen hohen Wiedererkennungswert.

Rote Arkade
Rotring

Aussteller
  Rotring Schreibgeräte, Hamburg

Messe
  Paperworld, Frankfurt am Main

Design
  Heike Dewald, Claus Neuleib, Arno Design, München

Messebau
  Arno Design, München

Standbauweise
  modular

Größe
  60 qm

Materialien
  Ahornholz-Boden, Glas-Stahl-Wand, schwarzer Flocklack für Tischvitrinen.

Gebogene rote Arkadenwand, die durch ihre Form und Farbigkeit signethaft und einladend wirkt.

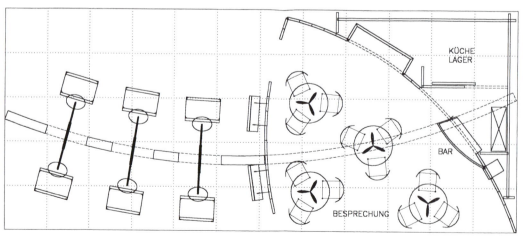

Große runde Spiegel an der Oberkante der Arkadenwand spiegeln schon von weitem das Vitrineninnere.

Abtrennung zwischen Produkt- und Besprechungsbereich durch eine transparente Glas-Stahl-Wand.

Konzept | Rotring wollte die Entwicklung seiner Marke vom bekannten technischen Zeichenprogramm bis hin zu einer breiten Produktpalette im Office-Segment durch eine Kampagne verdeutlichen, die Anzeigen, Prospekte, Displayelemente und auch den Messeauftritt einbezogen. Allen gemeinsam war ein starker CI-Gedanke und der rote Ring am Produkt, der auf Prospekten emotionalisiert als Horizontlinie zwischen Office- und Technikprogramm auftrat. Die Produkte sollten bodenständig für einen breiten Kundenkreis erscheinen. Auf dem Stand selbst wurden eher hochpreisige Produkte präsentiert.

Design | Die rote Horizontlinie erschien baulich als gebogene rote Arkadenwand, die durch ihre Form und Farbigkeit signethaft und einladend wirkte. Zu beiden Seiten dieser Galeriewand standen schräggestellte, beleuchtete Tischvitrinen, die die Schreibgeräte wie Schmuckstücke heraushoben. Große runde Spiegel an der Oberkante der Arkadenwand spiegelten schon von weitem das Vitrineninnere und lockten dadurch Besucher an. Helles Ahornholz am Boden und an der Standrückwand des Servicebereiches erinnerten an den hellen weißgelben Farbbereich der Technikpalette in den neuen Anzeigen und Prospekten und gab dem Stand zugleich eine freundliche Stimmung. Erstmals auf dieser Messe wurde der Produktbereich vom Besprechungsbereich durch eine transparente Glas-Stahl-Wand abgetrennt.

Beleuchtete Tischvitrinen, die die Schreibgeräte wie Schmuckstücke hervorheben.

Farbig eingerahmt
Koleksiyon Mobylia

Aussteller
  Koleksiyon Mobylia, Büyükdere/
  Istanbul-Türkei

Messe
  Orgatec, Köln

Design
  Stefan Zwicky, Architekt BSA/SIA,
  CH-Zürich

Messebau
  Koleksiyon Mobylia, Istanbul und
  Strickler Reklamen, Zürich

Fotos
  Stefan Zwicky, Zürich

Standbauweise
  konventionell

Größe
  115 qm

Materialien
  farbig gestrichene Holzwände,
  Teppichboden.

Je nach Thema unterschieden sich die Farben der Kästen und Teppiche.

Riesige farbige Holzrahmen, vor denen die jeweiligen Möbelgruppen ganz exponiert standen.

Die frei in den Raum gestellten Elemente wurden so angeordnet, dass ein fließender, galerieähnlicher Raum entstand.

Konzept | Die Firma Koleksiyon Mobilia wurde von dem türkischen Architekten Faruk Malhan gegründet und ist sowohl Möbelhersteller als auch Möbelhändler und ein Planungsbüro für Repräsentationsbauten.

Als eine der wenigen Firmen in Istanbul für moderne Möbel bezieht sich das Angebot auf den Wohnbereich, Küchen, Bad, Garten bis hin zum Bürosektor. Neben Importen werden auch Möbel in der eigenen Fabrik hergestellt, die über eine Holz- und Metallverarbeitung sowie Polsterei verfügt. Viele Möbel wurden von Faruk Malhan entworfen. Daneben gilt sein Interesse europäischen Designern wie Stefan Zwicky und Paola Nava, deren Modelle in der Türkei preiswert produziert werden können. Auf der Orgatec in Köln ging es um die Einführung hauseigener Modelle auf dem europäischen Markt und um Kontakt mit Händlern und Designern.

Design | Um den individuellen Ausdruck der verschiedenen Themengruppen wie Sitzgruppen, Sideboards, Exc. Office gerecht zu werden, wurde jeder Themengruppe ein freistehendes, kastenförmiges Element zugewiesen – riesige farbige Holzrahmen, vor denen die Möbel ganz exponiert auf einem farblich passenden Teppich standen. Je nach Thema unterschieden sich auch die Farben der Kästen und Teppiche. Die frei in den Raum gestellten Elemente wurden so angeordnet, dass ein fließender, galerieähnlicher Raum entstand, der andererseits so verschachtelt war, dass der Stand keine Rückwand brauchte. Zusätzliche Stabilität erhielten die Kastenelemente durch ein obenauf liegendes Rohrraster für die Beleuchtung aus Halogenspots.

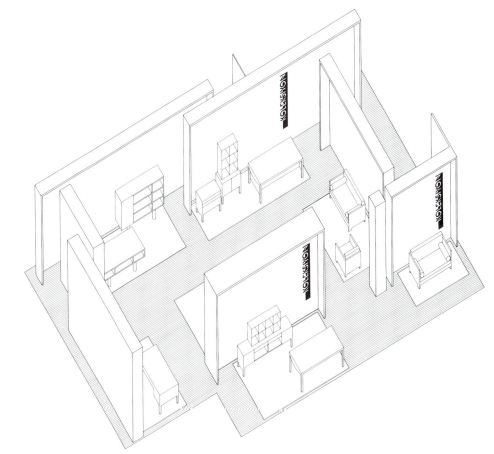

Schwarz-Blaue Tischkultur
Mono

Aussteller
  Mono-Metallwarenfabrik Seibel GmbH, Mettmann

Messe
  Ambiente und Tendence, Frankfurt/M

Konzeption/Design
  D'Art Design Gruppe, Neuss

Messebau
  D'Art Design Gruppe, Neuss

Grafik
  Butttgereit und Heidenreich, Haltern am See

Standbauweise
  konventionell

Größe
  ca. 90 qm

Materialien
  zementgebundene Spanplatten, Wände, Decken und Möbel mit schwarz bzw. silber Faserzementplatten und mattiertes Glas.

Porzellan befand sich in hinterleuchteten Wandnischen, Bestecke in stilisierten Gedeck-Arrangements.

Die schwarzen und blauen CI-Farben wurden in eine begehbare, grafisch sehr ästhetische Raumwelt übersetzt.

Ein zentraler Baukörper gliederte den Stand in drei Funktionsbereiche.

Konzept | Die Mono-Metallwarenfabrik ist ein traditionelles Familienunternehmen, das Tafelbestecke und Tischgerät von Kannen bis hin zu Accessoires herstellt. Ihr Sinn für Lebensart ist mit einem hohen Designanspruch verbunden, den Mono seinen Händlerkunden mit diesem Messe-Auftritt verdeutlichen wollte. Neben dem Hauptstand ging es auf diesem Stand darum, die wichtigsten Klassiker und Innovationen vorzustellen und zugleich die Markenidentität von Mono zu inszenieren, der weltweit zu den führenden Herstellern für Produkte «rund um den gedeckten Tisch» gehört.

Design | Unter dem Motto »Gestaltet, um Teil des Lebens zu sein« entstand auf einer dreieckigen Fläche ein Ausstellungsraum, in dem die schwarzen und blauen CI-Farben in eine begehbare grafisch sehr ästhetische Raumwelt übersetzt wurden. Schwarze und blaue Flächen standen nebeneinander, trugen dezente Werbeinformationen oder erzählten von den Designern der Produkte, mit denen Mono sehr verbunden ist. Ein zentraler Baukörper gliederte den Stand in drei Funktionsbereiche.
Porzellan befand sich in hinterleuchteten Wandnischen, Bestecke in stilisierten Gedeck-Arrangements. Kleine Besprechungstische schmiegten sich ganz beiläufig an die Hauptwand.
Die gesamte Atmosphäre strahlte in ihren dunklen Farben Eleganz und Zeitlosigkeit aus, die aber durch Licht und Grafik eine aktuelle Firmen- und Tischkultur widerspiegelte.

Granitverstecke
Wild & Küpfer

Aussteller
: Wild & Küpfer, CH-Schmerikon

Messe
: Swiss Tech, Basel

Konzeption
: Otmar Heeb, Kempten und Reinhard Design, Zürich

Design
: Edgar Reinhard, CH-Zürich-Gockhausen

Messebau
: Fürst Messebau AG, Pratteln

Auszeichnung
: Auszeichnung durch Schweizer Art Directors Club

Standbauweise
: modular und individuell

Größe
: 42 qm

Materialien
: Granit, Stahl, Alupaneele, hölzerner Triplyboden.

Im Kontrast zu den filigranen, farbigen Kunststoffteilen des Unternehmens wurden zehn massive Granitblöcke in Dreiecksform aufgestellt.

Konzept | Das junge Schweizer Unternehmen hat sich einen Namen gemacht für hochpräzise Kunststoffwerkteile und Baugruppen für den Hightech-Bereich, die in enger Zusammenarbeit mit den Kunden entwickelt und speziell hergestellt werden. Mit der Devise »Kreativität, Dienst am Kunden, Qualitätsgarantie und Suche nach einer besseren Lösung« wollte Wild & Küpfer den Industrievertretern auf dieser Messe die Unternehmenswerte und Qualitätsansprüche verdeutlichen. Der Messestand sollte überraschen, die Besucher aktivieren, einbeziehen und zum Gespräch führen.

Design | Um aus der üblichen Form der Produktpräsentation auszubrechen und Neugier zu wecken, wurden als Kontrast zu den filigranen, farbigen Kunststoffteilen zehn massive Granitblöcke in Dreiecksform nebeneinander auf den Stand gestellt. Zwischen den Blöcken verbargen sich in industriell aussehenden Metallschüben die Kunststoffteile – zum Selbstentdecken, Herausziehen, um Fragen zu stellen. Metallpaneele an der Rückwand, eine Metalltheke und ein hölzerner Triplyboden unterstrichen den Industriecharakter. Und das alles wurde in ein dramatisches Licht getaucht. Die Besucherresonanz war überaus positiv.

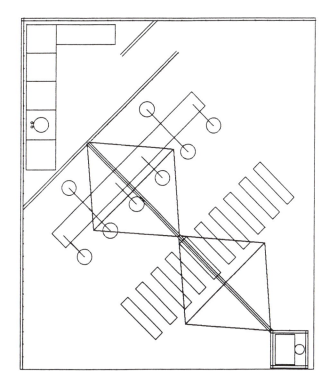

Metallpaneele an der Rückwand, eine Metalltheke und ein hölzerner Triplyboden unterstrichen den Industriecharakter.

Waschtische zum Abheben
Schüschke

Aussteller
  Schüschke GmbH + Co.KG,
  Kirchentellinsfurt

Messe
  Aircraft Interiors, Hamburg

Design
  spek Design, Stuttgart

Messebau
  Das Schauwerk, Schwieberdingen

Licht- und Medientechnik
  Light & Magic, Hohenstein

Aircraftbögen
  KMH, Stuttgart

Standbauweise
  modular

Größe
  21 qm

Materialien
  Theke aus anthrazitfarbenem Varicor,
  Edelstahlbögen mit Edelstahl- Architektur-
  gewebe für Aircraft-Bögen, satinierte Glaspaneele, Boden aus Nadelfilz anthrazit

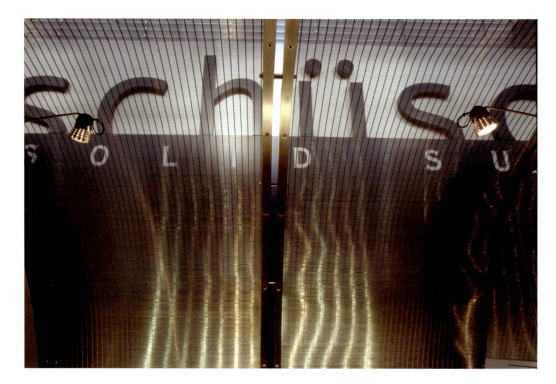

Der Firmenschriftzug mit Lichtreflexen.

Meeting Point mit Theke aus anthrazitfarbenem Varicor und hinterleuchteter Glaswand.

Satinierte Glaspaneele machten die Besucher neugierig und schirmten die funktionsfähigen Exponate ab.

Abstrahierte Form eines Flugzeugrumpfes, in der die neuen Waschtische gezeigt wurden.

Konzept | Seit Jahren hat sich das Unternehmen darauf spezialisiert, mit dem Mineralwerkstoff Varicor in Zusammenarbeit mit der Industrie und Designbüros neue Produkte, vor allem Waschtische, für Labor- und Sanitärbereiche, Eisenbahnen (wie TGV) und Flugzeuge zu entwickeln. Auf dieser Messe ging es Schüschke darum, seinen Besuchern aus dem Flugzeugbau, den Airline-Anbietern und Komponentenherstellern aber auch den Planern seine neuesten technischen Entwicklungen und eine Design-Studie für den Flugzeugbau vorzustellen und am Markt abzutesten.

Design | Um die Produkte möglichst realitätsnah präsentieren zu können, wurde in einen blauen Wandwinkel in der Firmenfarbe des Unternehmens die abstrahierte Form eines Flugzeugrumpfes gestellt, in der die neuen Waschtische gezeigt wurden. Durch die Bodenbeleuchtung schienen die mit Edelstahl-Gewebe bespannten Aircraft-Bögen fast zu schweben und gaben dem Stand etwas «Abgehobenes». Satinierte Glaspaneele machten die Besucher neugierig und schirmten zugleich die funktionsfähigen Exponate ab. Meeting Point war die Theke aus anthrazitfarbenem Varicor mit einer hinterleuchteten Glaswand, Ort für Informationen, Gespräche und Erfrischungen. Auf dem Wandmonitor daneben präsentierte das Unternehmen per Animation die Designstudie A.E.R. – Aircraft Executive Restroom.

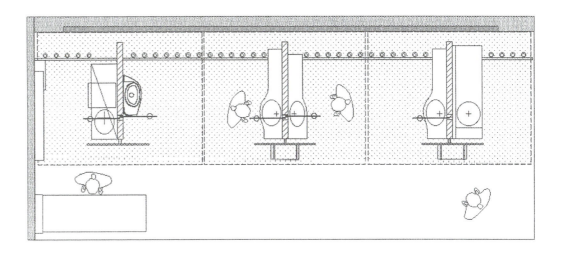

Informationen aus dem All
ComputerBILD

Aussteller
ComputerBILD, Axel Springer Verlag, Hamburg

Messe
Cebit Home, Hannover

Design
Atelier Holste, Isernhagen

Messebau
Innenausbau Ludwig GmbH, Springe

Standbauweise
modular

Größe
77 qm

Materialien
Wände mit Aluminium-Laminat, Boden mit Fototapete und Folie kaschiert

Themenbezogener Blickfang: die Weltraumkapsel von Apollo 13.

Einfache und verständliche Formensprache entsprechen den Elementen der Zeitschrift.

Konzept | ComputerBILD war zu diesem Zeitpunkt eine neue Zeitschrift des Axel Springer Verlages, die auf der ebenfalls neuen Messe Cebit home in Hannover vorgestellt werden sollte. Diese preiswerte aber starke Computer-Zeitschrift versucht, durch ihre Aufmachung und Beiträge, die Computerwelt für den Benutzer verständlich und transparent zu machen. Mit dem Motto »Ab jetzt auch in Ihrer Umlaufbahn« sollte ein großer Eyecatcher mit Bezug zur Datenübertragung und Kommunikation, auf dem Messestand auf die Zeitschrift und den Themenbereich aufmerksam machen. Ein Gewinnspiel zusammen mit der Deutschen Messe AG unterstützte diesen Messeauftritt.

Design | Der Standauftritt war einfach und verständlich in seiner Formensprache ebenso wie es auch die Elemente der Zeitschrift sind. Als themenbezogener Blickfang wurde die durch Deutschland tourende Weltraumkapsel von Apollo 13 in den ComputerBILD-Messestand einbezogen und konnte von den Besuchern begangen werden. Eingehüllt in Nebelwolken und durch Videos begleitet wurde eine Weltraumstation simuliert, zugleich wurden Bilder des Alls auf die Rückwand des Standes projiziert, während die Platinen-Motive des Großfotos auf dem Boden auf die Computerwelt anspielten. Farbiges Licht und Text-Projektionen auf der Rückwand gaben dem Stand zusätzlich atmosphärische Tiefe.

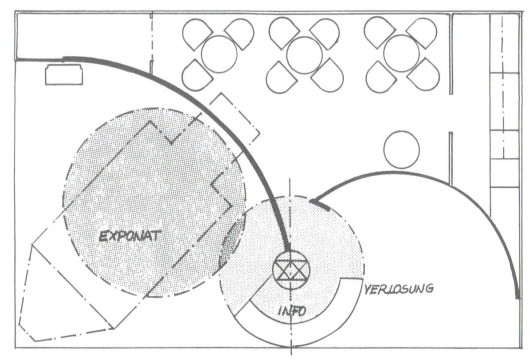

Holzplastik à la Mondrian
Heggenstaller/Lignatur

Aussteller
  Anton Heggenstaller AG, Unterbernbach/Bayern, jetziger Aussteller Lignatur AG, CH-Waldstett

Messe
  Bau, München und Holzbau+Ausbau, Nürnberg

Design
  Hartmannich, München

Messebau
  Achim Mannich und Schreinerei Paul Färber, Wolferstadt

Standbauweise
  modular

Größe
  42 qm, Doppelstock

Materialien
  Lignatur, eine Hohlkonstruktion aus Tannen-Holz.

Wechselspiel aus vertikalen und horizontalen Linien und Flächen.

Konzept | Als einer der bedeutendsten deutschen Holzproduzenten mit langer Tradition verarbeitet die Firma Heggenstaller einheimisches Fichten- und Kiefernholz zu hochwertigen massiven Holzprodukten, die weltweit an den Holz- und Baustoffhandel verkauft werden. Für das Holzbauelement von Lignatur, an dem die Heggenstaller AG beteiligt ist, suchte sie nach einem auffallenden Stand, der vor allem Planer und Architekten aber auch Händler und Bauhandwerker auf das Produkt und seine Einsatzmöglichkeiten aufmerksam macht. Ein integrierter Wettbewerb sollte zeigen, wie schnell und leicht Lignatur-Schallschutzelemente montiert werden können. Auf der Messe in Nürnberg wurde noch der Zusammenbau von Teilen demonstriert.

Design | Für den Standentwurf ließen sich die Designer von den verschiedenen Querschnitten der Hohlkonstruktion des innovativen Holzbauelementes inspirieren, die sie an grafische Bilder des Malers Mondrian erinnerten. Die »tragenden« Eigenschaften der Bauelemente sollten durch frei schwebende Stege und einen Doppelstock-Stand von acht Metern Höhe demonstriert werden. So entstand aus den Bauelementen ein Wechselspiel aus vertikalen und horizontalen Linien und Flächen. Wände und Ebenen überschnitten sich, Stege schienen frei zu hängen und gaben dem Stand eine große Leichtigkeit, die die Messebesucher verblüffte. Der Stand war eine begehbare Holzskulptur, die viel Aufsehen erregte. Ein kleiner Stand, der in der Halle »der Größte« war.

Die Designer ließen sich von den verschiedenen Querschnitten der Hohlkonstruktion des innovativen Holzbauelementes inspirieren.

Treppe zum Obergeschoss.

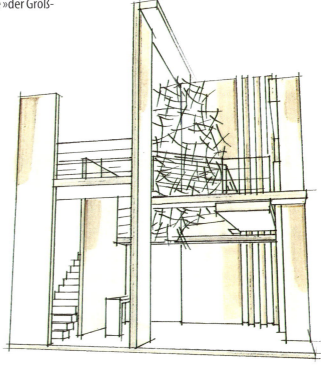

Ein Doppelstock-Stand von acht Metern Höhe.

97

Lichtvoller Freischwinger
Kunzweiler

Ein einladender, heller Raum in diffuser Lichtoptik mit unter leuchtetem Glasboden.

Aussteller
  A.J. Kunzweiler GmbH, Weil am Rhein

Messe
  Euroshop, Düsseldorf

Design
  Wolfgang Kunzweiler

Messebau
  Kunzweiler GmbH, Weil am Rhein

Standbauweise
  modular

Größe
  32 qm

Materialien
  Stahlrahmen in S-Form als Traggerüst mit MDF-Platten beplankt, Gitterrost-Boden mit satinierten Plexiglasplatten

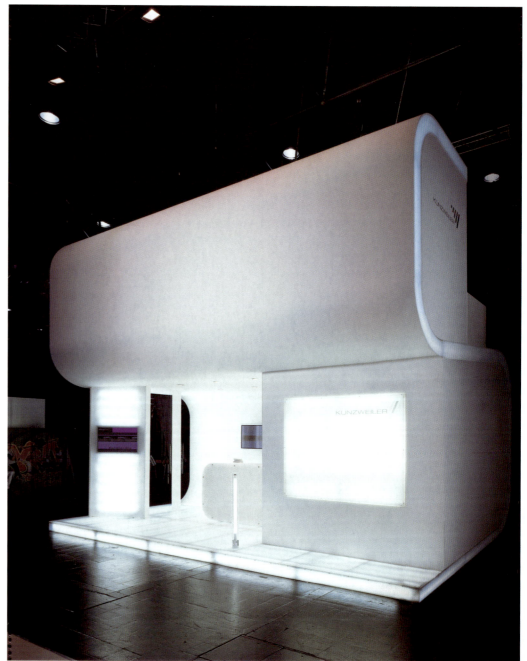

Hinterleuchtetes Geländer: »Licht zum Anfassen«. Eine Lichtinsel mit weicher Raumatmosphäre.

Konzept | Unter dem Slogan »Feiräume für Fantasien schaffen und Ideen verwirklichen« wollte das Messebauunternehmen Kunzweiler mit dem eigenen Stand seinen Besuchern, potenziellen Kunden oder Partnern, aufzeigen, welche eindrucksvollen Möglichkeiten auch auf einer kleinen Standfläche geschaffen werden können, um Zielsetzungen oder Firmenidentitäten sichtbar zu machen. Zugleich konnte das Unternehmen mit diesem Stand seine Arbeits- und Denkweise verdeutlichen, sich bei jeder Aufgabe intensiv in die Anliegen des Kunden hineinzufinden, um seine Coporate Identity möglichst glaubhaft zu visualisieren.

Design | Die Messebesucher wurden mit einem doppelstöckigen Stand überrascht, der als großes dreidimensionales »S« frei schwingend gebaut war – eine technisch ungewöhnliche Lösung, die wie eine große Plastik weithin sichtbar war. Im Obergeschoss glatt und geschlossen, bot sich den Besuchern unten ein einladender, heller Raum in diffuser Lichtoptik mit hinterleuchtetem Glasboden. Eine Lichtinsel, die in ihrer weichen, zurückhaltenden Raumatmosphäre viele Möglichkeiten der Entspannung bot mit Licht, das die Raumgrenzen verwischte und den Stand durch semitransparente Materialien zum leuchtenden Blickfang machte. Ein hinterleuchtetes Geländer bot »Licht zum Anfassen« und führte die Besucher nach oben zu anregenden Gesprächen und Drinks.

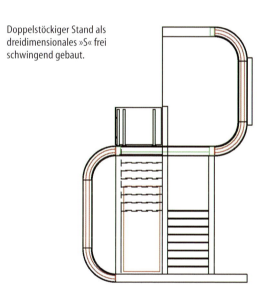

Doppelstöckiger Stand als dreidimensionales »S« frei schwingend gebaut.

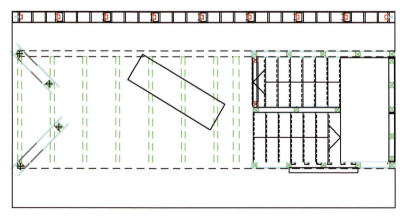

Erdgeschoss

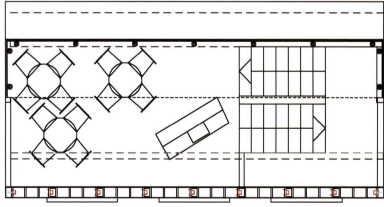

Obergeschoss

KFZ-Visionen
Kalamazoo

Aussteller
  Kalamazoo Group,
  NL-Eindhoven

Messe
  Autovak, Amsterdam

Design
  Wit Design, NL-Zaltbommel

Messebau:
  Wit Design, NL-Zaltbommel

Standbauweise
  konventionell

Größe
  75 qm

Materialien
  konventioneller Holzbau,
  Teppichboden

Ein weißer Stand mit den Farben Blau, Wasserblau und Grün für die Displaytische der drei neuen Produkte.

Konzept | Kalamazoo ist einer der größten europäischen Anbieter, der speziell für den KFZ-Handel und KFZ-Werkstätten eine effiziente Management- und Verwaltungssoftware entwickelt hat. Das in Nord-Amerika, in Kalamazoo entwickelte System, wird speziell auf Kundenwünsche zugeschnitten und durch Salesservice, Schulungen und Hardware erweitert. Mit dem Slogan »Share our Vision of Future« wollte das Unternehmen auf sein neues Markenverständnis in CI-Broschüren und im Internet auf seine Leistungen aufmerksam machen. Der Messestand sollte in innovativer und ganz aktueller Form auf die zukünftigen Softwareentwicklungen verweisen.

Design | Der offene Messestand übersetzte in plakativer und anschaulicher Form das neue CI des Unternehmens, speziell der holländischen Website. Aus dem weißen Fond der Firmenbroschüre wurde ein weißer Stand mit den Farben Blau, Wasserblau und Grün für die Displaytische der drei neuen Produkte entwickelt. Das Firmenlogo hingegen erschien großflächig auf dem Teppichboden. Moderne Softline-Formen kommunizierten die künftigen Visionen im Softwarebereich, während der Blick in die Zukunft als Großfoto der Werbekampagne räumlich den Hintergrund bildeten, vor dem die Gespräche mit den Kunden stattfanden.

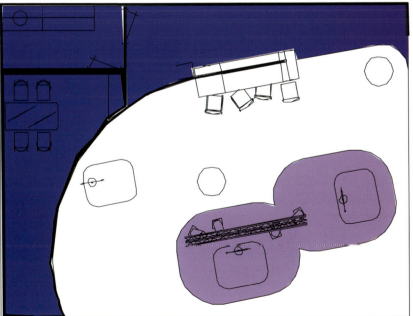

Der offene Messestand übersetzte in plakativer und anschaulicher Form das neue CI des Unternehmens.

Softline-Visionen
Wallmedien

Aussteller
  Wallmedien AG, Paderborn

Messe
  Systems, München

Design
  Raumschiff interactive, Hamburg,
  Alexander Keip

Messebau
  Raumschiff, Hamburg

Standbauweise
  modular

Größe
  30 qm

Materialien
  anthrazitfarbener Kunststeinboden
  (Schieferoptik) und weißer Lack für
  Wände und Möbel, Branding-Flächen
  aus Plexiglas

Gerundete farbige Leuchtflächen erinnerten an digitale Grafikkataloge und Websites.

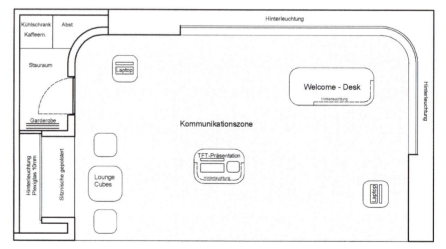

Konzept | Wallmedien ist ein recht junges Unternehmen, das sich als Full-Service-Dienstleister im Bereich Internet-Präsenz versteht vor allem für Unternehmen, die per e-commerce vertreiben wollen. Ihre Leistungen bestehen aus Beratung und einer maßgeschneiderten Entwicklung von Produkten, Strategien und Webportalen, in die SAP-Technologien implementiert werden. Ihr Anspruch ist es, Geschäftsprozesse im Internet zu ermöglichen. Dazu gehören auch Katalog- und Content-Management-Systeme. Der Messeauftritt sollte den Entscheidern aus Industrie und Handel signalisieren, dass »Visionen im Internet ermöglicht werden können«.

Design | Aktuelle Softline-Formen und moderne Medien wurden genutzt, um mit dem Messestand »auf Visionen im Internet« aufmerksam zu machen. Dabei wurde zeitgemäßes Design mit der Firmenidee verbunden. In großflächig weiße Wände und Möbel wurden gerundete farbige Leuchtflächen integriert, die in ihrer Anordnung an digitale Grafikkataloge und Websites erinnerten. Die große Wand diente als Anziehungspunkt und wurde ergänzt durch welcome desk und workstation. Alles in fließenden weißen Formen – selbst die Sitzhocker und der Stehtisch – wodurch der kleine Stand einheitlich und großzügig wirkte und einen hohen Wiedererkennungswert hat, fast wie ein Markenzeichen.

Fließende weiße Formen ließen den kleinen Stand einheitlich und großzügig wirken und hatten einen hohen Wiedererkennungswert hat – fast wie ein Markenzeichen.

The Great Wave
Bisazza

Aussteller
  Bisazza, I-Spilimbergo (PN)

Messe
  100% Design, London

Design
  Fabio Novembre, I-Milano

Messebau
  Expostand, Italien

Standbauweise
  konventionell

Größe
  26 qm

Materialien
  Bisazza-Mosaik-Fliesen,
  Unterkonstruktion Holz

Eine starke Designidee stand für die Umsetzungsmöglichkeiten grenzloser Kundenvisionen.

»The great wave« von Hokusai, Japan, 18. Jh.

Dramatische Fliesenwelle, die dreieinhalb Meter hoch über den faszinierten Besuchern zusammenschlug.

Die Welle als Ursprung einer hohen Kreativität.

Konzept | An der Londoner Designmesse »100 % Design« sind vor allem Architekten, Designer und die internationale Presse interessiert, die neue Produkte, Designideen und junge Designer suchen. Bisazza, ein aus Italien stammender, international agierender Hersteller von Glasmosaikfliesen, ging es darum, von seinem Produkt mit jahrhundertelanger Tradition ganz neue Möglichkeiten zu zeigen. Dank einer umfangreichen Farbpalette verschiedener kombinierfähiger Fliesentypen und neuester Computertechnologie für die Verarbeitung lassen sich grenzenlose Kundenvisionen für private und öffentliche Gebäude erfüllen. Der Messestand sollte mit einer starken Designidee und ungewöhnlichen Farbeffekten eine solche Möglichkeit darstellen.

Design | Angelehnt an Japans berühmtestes Bild »The Great Wave« von Hokusai schuf Fabio Novembre eine dramatische Fliesenwelle, die dreieinhalb Meter hoch über den faszinierten Besuchern zusammenschlug – eine Installation aus Bisazzas Vetricolor Fliesen mit denen von Le Gemme in Blau, Weiß und Schwarz. Für den Architekten drückt gerade die Welle die größte Kraft der Veränderung aus, die nicht nur Energien transportiert und Töne überträgt sondern in einer fließenden Kultur vor allem eine Metapher für Kommunikation ist, die ebenfalls aus Wellen entsteht. Die Welle soll den Menschen die Sinne dafür öffnen, das jede Architektur neben Strenge und Absicht auch Chaos beinhaltet, die Welle Ursprung einer hohen Kreativität ist.

Wasser für die Sinne
Leonardo

Aussteller
Glaskoch, B. Koch jr. GmbH
+ Co. KG, Bad Driburg

Messe
Ambiente, Frankfurt / M.

Konzeption
Melanie Weisweiler,
Kirchentellinsfurt

Stand- und Produkt-Design
Melanie Weisweiler,
Kirchentellinsfurt

Messebau
Hillebrand Möbel-Laden-
Messebau, Bad Driburg

Standbauweise
individuell

Größe
44 qm

Materialien
Stahlkanten, Spiegel, Wasser,
Eis, Glasplatten begehbar,
Glastische, Glaszylinder

Ein Glassteg über einem Wasserbecken leitete die Besucher zur Plattform.

Wasser sinnlich erlebbar gemacht: Große Eisblöcke zum Anfassen.

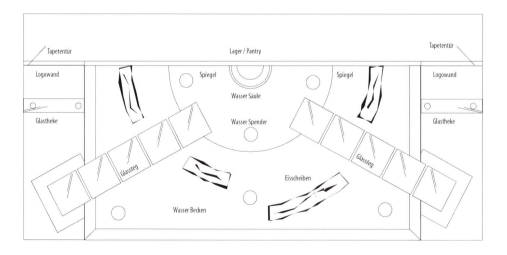

Inszenierung des Themas »Wasser« auf einer Fläche von 4 x 11 m.

Das Element Wasser in all seinen Aggregatzuständen.

Konzept | Für die Einführung einer neuen Produktlinie, basierend auf dem Watercooler, sollte das Thema »Wasser« auf dem Stand inszeniert werden. Gleichzeitig sollte vermittelt werden, dass mit der Marke Leonardo ein Unternehmen verbunden ist, das den Besuchern bewusst macht, wie wichtig unser kostbarstes Gut ist. Anders als die traditionellen Produktlinien sollte diese emotional vermittelt werden. Dafür sollte das Produkt Wasser in all seinen drei Aggregatzuständen – fest, flüssig und gasförmig – erlebbar und für die Sinne erfahrbar gemacht werden: Wasser zum Fühlen und Schmecken. Die Vorstellung der neuen Produkte, einem Wasserspender und einer Wasserkaraffe, ebenfalls von der Designerin entwickelt, sollte zu einem Event werden, während es auf dem »Normal«-Stand dann um die Konditionen ging.

Design | Den Ursprung der neuen Produktwelt, zu der die Besucher hingeführt wurden, sollte durch eine Wasserquelle symbolisiert werden. Dafür wurde ein Wasserbecken gebaut, durch eine verspiegelte Rückwand verdoppelt, mit einer runden Plattform in der Mitte als Symbol eines Brunnens, auf dem die Watercooler platziert waren. Die Besucher wurden am Beckenrand von Hostessen abgeholt, über Glasstege Hand in Hand zum neuen Produkt auf die Insel geleitet. Hier erhielten die Besucher ein Glas Wasser, begleitet durch philosophische Wasserzitate. Und zugleich konnten sie Wasser sinnlich erleben: Große Eisblöcke im Wasserbecken anfassen, Wassergeplätscher hören und Wassernebel über sich spüren, während eigens komponierte Wassermusik erklang. Als Give-Away erhielten die Besucher eine Wasserpflanze in einer klaren Plastiktüte.

Glowing Bones
Aventis und Procter & Gamble

Aussteller
: Aventis, Strasburg und Procter & Gamble Pharmaceuticals, Genf

Messe
: ESCT, Biennal Symposium of the European Cacified Tissues, Masstricht

Design
: Commserv GmbH, Frankfurt/M

Messebau
: Anders Messebau + Design GmbH, Hofheim/Taunus

Textilobjekt
: MossEurope, Braunschweig

Standbauweise
: konventionell

Größe
: 70 qm

Materialien
: Teppichboden, flexible Textilkonstruktion auf Aluminiumprofilen für das Dach, Holzkonstruktion für Kabine – lackiert, Polstersessel

Dreidimensionale Nachbildung des Produktlogos, das bildhaft und emotional Knochenformen assoziiert.

Standkonzept für unterschiedliche Raumsituationen.

Konzept | Unter dem Motto »The Alliance for Better Bone Health« vermarkten die Pharmaunternehmen Aventis und Procter & Gamble Pharmaceutics gemeinsam das Produkt Risedronate zur Behandlung von Osteoporose. Die für sie interessanten Zielgruppen sind Ärzte und Meinungsbilder als Anwender und Multiplikatoren, die im Rahmen von Industrieausstellungen, die während der Pharma-Kongresse stattfinden, angesprochen und informiert werden. Der Messestand sollte durch eine starke Präsentation auf das Produkt aufmerksam machen, viel Freiraum für Beratung bieten und für unterschiedliche Veranstaltungsplätze geeignet sein.

Design | Für diese Kongresse wurde ein Standkonzept entwickelt, das auf unterschiedliche Raumsituationen übertragbar ist und das Logo formal einbindet. Die Grundidee war eine dreidimensionale Nachbildung des Produktlogos, das bildhaft und emotional Knochenformen assoziiert, um deren Erkrankungen es geht. Das Objekt wurde als flexible auf- und abbaubare textile Konstruktion als Zentrum des Standes entwickelt, von unten angestrahlt und durch wechselnde Lichtfarben in Szene gesetzt. Unter dem Dach des textil übersetzten Logos war der Stand zu allen Seiten hin offen. Hier wurden wissenschaftliche Produktinformationen an hinterleuchteten Displays präsentiert, hier fanden Kurzgespräche zu Produkten statt. Die Bar war der Meeting Point für die Besucher.

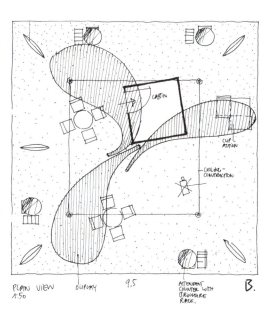

Entspannung im Schaukelstuhl
PARX

Aussteller
  Parx AG, CH-Zug

Messe
  Internet Expo, Zürich

Konzeption
  samt & sonders, Atelier für Kommunikation,
  Andrea Keller, CH-Bern

Design
  Martin Birrer, CH-Bern

Messebau
  Sagi Belpberg GmbH, CH-Belpberg

Musicsound
  Parx Sonic GmbH

Fotos
  Martin Birrer

Standbauweise
  elementiert

Größe
  30 bis 40 qm

Materialien
  MDF-Holzplatten lackiert mit gepolsterten
  Stoffauflagen, Vliesteppichboden

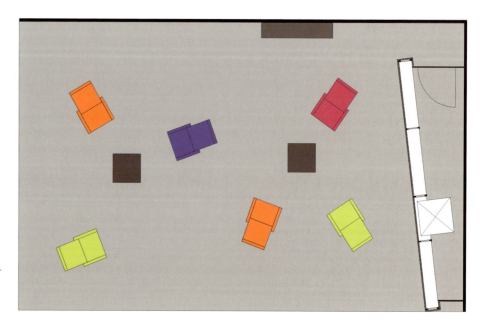

Die starken Farben verkörperten die Vielfalt, die frechen Schaukelstühle die Dynamik des Unternehmens.

Sechs überdimensional hohe Schaukelstühle weckten schon von weitem die Neugierde der Besucher.

Konzept | Die Parx-Gruppe ist ein Full-Service-Provider von Internet-, IT- und Multimedia-Leistungen – ein Netzwerk aus spezialisierten Firmen, die sich auf dieser Messe zusammengeschlossen haben. Vertrauen und Verlässlichkeit sind Eckpfeiler des Unternehmensanspruches. Mit dem Slogan »Vertrauen schafft Entspanntheit« sollte dem Kunden daher verdeutlicht werden, dass er sich entspannt zurücklehnen kann, weil er sich mit seinen Internet-Projekten bei Parx in guten Händen befindet. Werte aus der Unternehmensbroschüre wie »entspannt, exakt, verspielt, spezialisiert, einzigartig, kompetent« sollten im Messestand durch ein klares und bestechendes Konzept sichtbar gemacht werden.

Design | Sechs überdimensional hohe Schaukelstühle mit einer Lehne von 4 m weckten schon von weitem die Neugierde der Besucher und sorgten für ständige Aufmerksamkeit, wenn sich die Lehnen bewegten. Im Schaukelstuhl sitzend konnten die Besucher über Kopfhörer in akustische Welten abtauchen oder sich an Computern, die auf Rolltischen zwischen den Stühlen standen, Produktinformationen anschauen. Die starken Farben verkörperten die Vielfalt des Unternehmens mit seinen Spezialgebieten während die frechen Schaukelstühle für die Dynamik des Unternehmens standen, für Kreativität, Power und Mut zu neuen Ideen. Die beliebten Schaukelstühle tauchten in Firmenmedien auf und wurden mit einer kürzeren Lehne zu Eyecatchern in den Büros.

Blumen Blow up
Heuger Blumen

Aussteller
  Heuger Blumen, Glandorf

Messe
  IPM (Internationale Pflanzenmesse)
  Essen

Konzeption/Design
  Krüger Kommunikation, Osnabrück

Messebau
  Hinrichs Fotofactory,
  Georgsmarienhütte

Standbauweise
  modular, Spannfotosystem

Größe
  16 bis 36 qm

Materialien
  Wände aus patentiertem
  Spannfotosystem, Metallkuben

Auf schwarzem Fond wurde der manuelle Bestäubungsvorgang der Blüten gezeigt.

Idealer Hintergrund für die blühenden Pflanzen und Besprechungen dazwischen.

Der Vorgang der Züchtung wurde sichtbar gemacht und aufmerksamkeitsstark in Szene gesetzt.

Konzept | Die Einzigartigkeit dieses Gartenbauunternehmens liegt in der besonderen Sorgfalt bei der Züchtung von blühenden Topf- und Beetpflanzen. Dieses Qualitätsmerkmal und die dadurch entstehenden stabilen Pflanzen wollte das Unternehmen auf dieser Messe seinen Abnehmern deutlich machen. Dazu gehören der Blumengroßhandel, Gartencenter und Blumengeschäfte.

Design | Auf dem Stand galt es nun, diesen Vorgang der Züchtung sichtbar zu machen und zugleich aufmerksamkeitsstark in Szene zu setzen. Dafür wurden die Standwände mit zwei Großfotos 2,5 x 7,5 m bespannt. Auf schwarzem Fond wurde der manuelle Bestäubungsvorgang der Blüten gezeigt. Kleine eingeklinkte Fotos zeigten Wachstumsstufen, um den Prozess darzustellen. Die andere Wand stellte Blüten in ungewohnter Großaufnahme dar und war idealer Hintergrund für die blühenden Pflanzen und Besprechungen dazwischen. Der Stand erregte große Aufmerksamkeit, begeisterte die Besucher und beeinflusste auch die Werbemittel des Unternehmens von den Prospekten bis hin zur Website.

Nomadic Furniture
Moormann Möbel

Aussteller
  Moormann, Möbel GmbH,
  Aschau i. Chiemgau

Messe
  Internationale Möbelmesse, Köln

Design
  Nils Holger Moormann

Messebau
  Moormann Möbel GmbH,
  Aschau i. Chiemgau

Standbauweise
  modular

Größe
  72 qm

Materialien
  lösbarer Anstrich für Hallenboden, Textilwände, Textilschirme

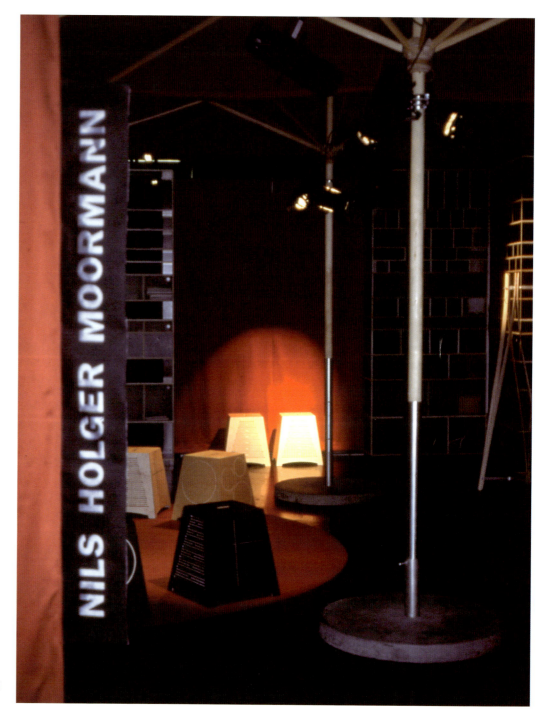

Ein Nomadenzelt mit dicken roten Stoffbahnen verhängt, das nur schmale Einblicke und Eingänge gewährte.

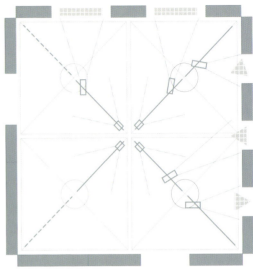

Ein fast mystischer Raum im Innern.

Konzept | Nils Holger Moorman ist einer der eigenwilligsten, mittelständischen deutschen Möbelverleger, der seine Designmöbel im regionalen Umfeld produzieren lässt. Emotionen, Geschichten und Inszenierungen gehören zur Designentwicklung seiner Kollektion ebenso wie zu seiner Unternehmens- und Vertriebspolitik. Auf der Möbelmesse sollte die Präsentation für die Händler und designinteressierten Besucher wie Architekten und Gestalter eine Überraschung sein wie die Produkte selbst, die in ihrer Eigenart eine Verbindung von Funktion, Poesie und einem geschulten Gefühl für Materialästhetik darstellen.

Design | Jedes Jahr werden die Stände neu konzipiert und jedes Mal sind sie eine Inszenierung, in der die Produkte das Bühnenbild prägen und zugleich die Darsteller der Szene sind. Dieser Messestand wurde wie ein Nomadenzelt mit dicken roten Stoffbahnen verhängt, das nur schmale Einblicke und Eingänge gewährte. Wie bei einem Kleidungsstück hingen Etiketten mit dem Firmennamen daran. Im Innern wurde aus den schwarzen Regalen »Egal« von Axel Kufus ein fast mystischer Raum gebildet, der nach oben durch vier helle Stoffschirme begrenzt wurde. Bühnenscheinwerfer stellten die »Kleinen Trommler«-Hocker von Clemens Stübner und Sabine Mrasek ins Rampenlicht, während die Kleiderständer »Di Mi Tri« von Benny Mosimann am Rande warteten.

115

Farbverläufe
Ramlau & Siebert

Aussteller
  Ramlau & Siebert Licht + Design GmbH, Bonn

Messe
  Euroshop, Düsseldorf und Light & Building, Frankfurt

Design
  Cebra GmbH + CoKG, Wolfsburg

Messebau
  Cebra in Zusammenarbeit mit Ramlau & Siebert

Fotos
  Ingrid Wenz-Gahler (2)

Standbauweise
  modular

Größe
  29,25 qm

Materialien
  Boden aus Granit-Systemelementen, Rückwände in Keilrahmen mit Textilbespannung.

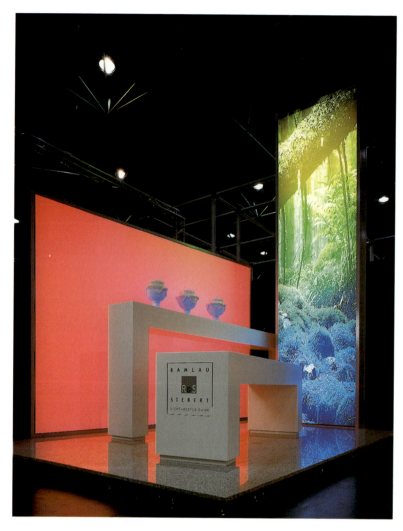

Hohes, hinterleuchtetes Waldmotiv als Blickfang.

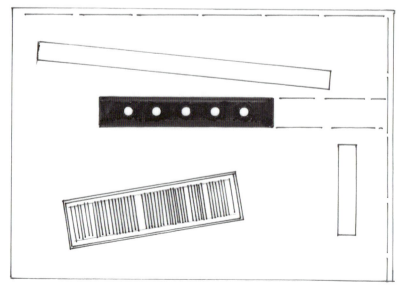

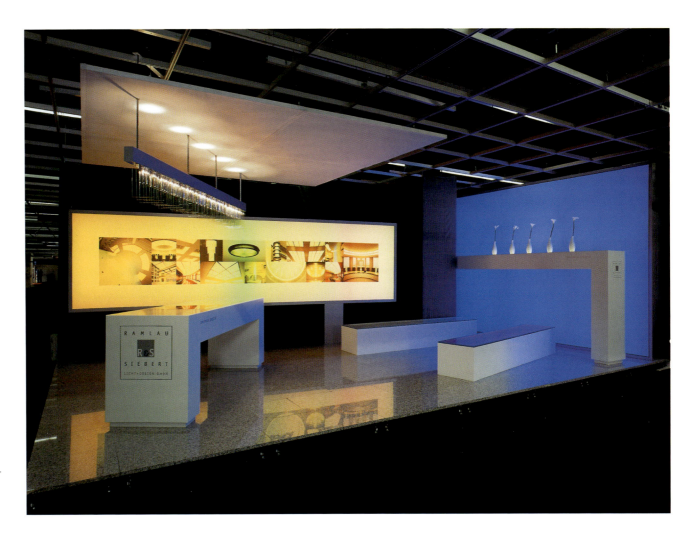

Einfache räumliche Installation aus Lichtwänden mit stilisierten baulichen Elementen.

Die bügelartige Theke mit einzelnen Objekten und wechselnden Lichtstimmungen.

Konzept | Der Sonderleuchten-Spezialist für gehobene Architektur- und Objektbeleuchtung stellte auf der Euroshop erstmals ein Serienprodukt vor: ein leicht zu programmierendes Leuchtensystem für Farbwechsel, das sowohl monochrome als auch mehrfarbige Farbverläufe ermöglicht. Als Diffuserflächen eignen sich Glas, Acryl oder Spezialfolien. Der Messestand sollte auf dieses Produkt in auffallender Weise aufmerksam machen und besonders Architekten und Planern Anregungen für den Einsatz in Ausstellungen und Image-Objekten im Innenbereich geben.

Design | Um die Wirkung der farbigen Lichtverläufe sichtbar und erlebbar zu machen, wurde eine einfache räumliche Installation aus Lichtwänden mit stilisierten baulichen Elementen entwickelt. Die bügelartige Theke mit einzelnen Objekten bildete für den Besucher einen Fixpunkt, vom dem aus die wechselnden Lichtstimmungen beobachtet werden konnten. Auf der Euroshop wurde die sich ständig verändernde Lichtwand von einem hohen, hinterleuchteten Waldmotiv als Blickfang begleitet, während auf der Light & Building diese Rolle von einer hinterleuchteten Projektwand übernommen wurde. Die Faszination des Farbwechsels machte aus dem kleinen Stand eine inszenierte, begehbare Raumgrafik.

Tempel-Licht
Electra Zelluce

Aussteller
: Electra Zelluce, PL-Krakow

Messe
: Light & Building, Frankfurt/M.

Design
: Piotr Wróbel, Architekt, Krakow

Messebau
: Electra und Piotr Wróbel

Standbauweise
: konventionell

Größe
: 25 qm

Materialien
: Wände aus Stahlkonstruktion mit Sandsteinimitat aus expandiertem brandsicheren Polystyrol verkleidet, Fliesenboden

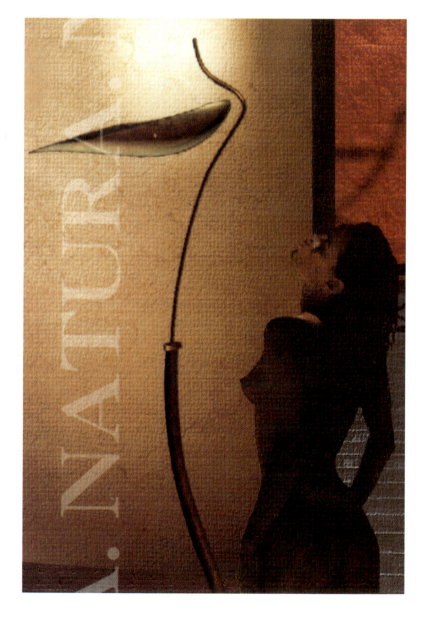

»Leuchten für die Sinne«.

Der Messestand wurde als eine Art Tempel entworfen, um das Mystische der floralen Glasleuchten hervorzuheben.

Konzept | Das polnisch-italienische Unternehmen Electra Zelluce ist ein führender Leuchtenhersteller in Polen mit weltweitem Vertrieb. Auf dieser großen Leuchtenmesse wollte sich Electra Zelluce mit einer ungewöhnlichen von Piotr Wróbel designten Leuchtenkollektion vorstellen, die in einer speziell entwickelten Glastechnik gefertigt wurde. Dafür sollte ein Messeauftritt entwickelt werden, der die gestalterische Qualität der Leuchten unterstützt und zugleich auf das Unternehmen aufmerksam macht.

Design | Mit seinem Hintergrund als Kunst-Restaurator, Bühnengestalter und Werbedesigner entwickelte Piotr Wróbel für »seine« Leuchten der Kollektion »Natura« ein ungewöhnliches Ambiente, das an das für uns geheimnisvolle Altertum erinnert. Er baute eine Art Tempel, um das Mystische seiner floralen Glasleuchten hervorzuheben und sieht diese als »Geheimnis des Dämmerlichts«, als »Leuchten für die Sinne«, die in modernen und alten, privaten aber auch öffentlichen Gebäuden eingesetzt werden könnten. Gespräche fanden auf dem tempelhaften Vorhof statt, hinter der Tür befand sich ganz einfach das Lager. Der für eine Leuchtenmesse völlig ungewöhnliche Stand, der eher einer bühnenhaften Installation glich, weckte bei Händlern als auch Architekten und Gestaltern großes Interesse für die Produkte und Kultur des Landes.

Licht-Garage
LFF

Aussteller
: LFF Leuchten GmbH, Solingen

Messe
: Light + Building, Frankfurt/M.

Design
: Wolfgang Körber, Solingen

Messebau
: Schlosserei Frank Heinhaus, Solingen

Standbauweise
: modular

Größe
: 63 qm

Kosten
: ca. € 380/qm

Fotos
: Manos Meisen, Düsseldorf

Materialien
: Holzboden mit unveredeltem schwarzen Gummibelag, tragende Konstruktion aus verzinktem Stahl, Wände aus Aluminium-Trapezblechen, Tische aus Holz lackiert, Regale Clic-System von Burkhardt Leitner constructiv.

Aus der Werkstatt wurde eine Technik-Bar mit ganz eigenem Flair.

Die silbern schimmernden Wände reflektierten die neuen LED-Leuchten.

»Licht-Garage« aus senkrechten Aluminium-Trapezblechen

Konzept | LFF Licht Form Funktion ist Name und zugleich Zielsetzung eines kleinen Leuchtenunternehmens, das technisch und gestalterisch anspruchsvolle Niedervolt-Leuchtensysteme für den Objektsektor entwickelt. Von Anbeginn erhielten ihre Produkte Designpreise. Auf der Light + Building wollte das Unternehmen seine Kunden und neue Partner aus der Architektur- und Lichtplanung mit einem Messeauftritt überraschen, der das Unternehmen präsentiert, Licht-Reflexionen durch eine neue Serie von LED-Leuchten ermöglicht – neue LichtEinDrücke.

Design | Um Planern und Architekten vielfältige Anwendungsbereiche der unterschiedlichen Leuchtenarten zu vermitteln, wurde eine neutrale Präsentationsform entwickelt, die ausschließlich von LFF-Produkten beleuchtet wurde. Entstanden ist eine »Licht-Garage« aus senkrechten Aluminium-Trapezblechen, hinter denen die Besucher eine Firma und ihre Produkte quasi entdecken konnten. Auf schwarzem, weichen Gummiboden standen kleine »Werk«-Tische für Gespräche und Getränke bereit. Silbern schimmernde Wände aus dem technischen Material der Leuchten reflektierten die neuen LED-Leuchten und machten aus der Werkstatt eine Technik-Bar mit ganz eigenem Flair, die die Messe ringsum fast vergessen ließ. Der Stand war so erfolgreich, dass 400 Neukontakte verzeichnet werden konnten.

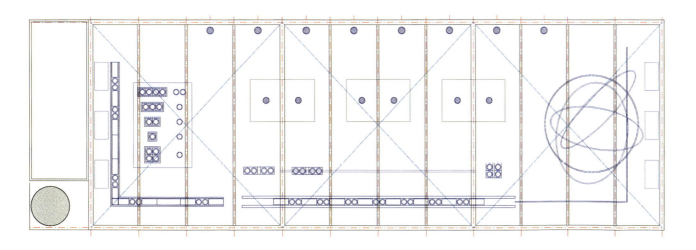

3. Kommunikation mit den Kunden

Jordan Mozer – Raumplastik für Schmunzelmöbel
Anastassiadis – Sinnlich-wohnliche Office Solution
ET-Team – Freisitz
Rhenus Lub – Natur-Produkt
Rutenbeck – Augen auf für die Telekommunikation
Sound + Light – Sound-Laterne
Viviance – Farbrange zum Lernen
Profidata – Clubatmosphäre
BW Bank – Schwarz-Rote Brokerlounge
m+a Verlag – The Red Connection
Waltham – Produktfarben auf Poppigen Polstern
Neue Zürcher Zeitung – Kontaktbörse
Ceramic Tiles – Ferrari-Rot für Fliesenausstellung
Content Management – Coole Transparenz
Together Soft – Kommunikatives Farbspiel
DNS – Gebaute Werbung
Entory – Oase der Entspannung
FormBar – Formbare Wohnlandschaft
Aqualounge – Visionäre Wasserwelt
Lattenhöhle – Raumstruktur mit Licht und Ton

Raumplastik für Schmunzelmöbel
Jordan Mozer

Aussteller
　Jordan Mozer & Associates,
　USA-Chicago

Messe
　Domotex, Hannover –
　Trend Hotel Exhibition

Design
　Jordan Mozer, Chicago

Messebau
　Martin Ranft, Mainz

Standbauweise
　konventionell

Fotos
　Ingrid Wenz-Gahler (2)

Größe
　35 qm

Kosten
　ca. $ 1000/qm
　(inkl. Transport USA – D)

Materialien
　Eisenkonstruktion mit
　Stuck-Gips überzogen,
　Ahornholz-Boden.

Emotionaler Auftritt zur
Zukunft des Hotel-Designs

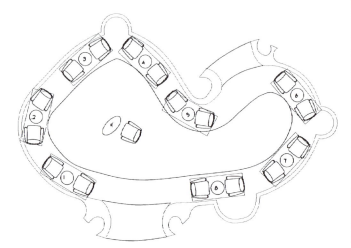

Konzept | Auf einer Trend Hotel Ausstellung während der Domotex-Messe in Hannover erhielt die amerikanische Designfirma Jordan Mozer die Möglichkeit, ihre Vorstellung von der »Zukunft des Hotel-Designs« zum Ausdruck zu bringen. Jordan Mozers Entwürfe für Restaurants, Hotels und Bars in den USA und Deutschland sind eine einzigartige bühnenhafte Mischung aus Comic- und Pop-Kultur, verspielten Objekten und Interieurs, die an menschliche und organische Formen erinnern. In diese Ausstellung spielten bereits Gedanken zum Millenium-Wechsel hinein, der innerhalb unserer Erdgeschichte einen Klacks ausmacht. Jordan Mozers Antwort auf den Boom der dot.com-Companies, auf Zukunftstheorien und -Technologien wollte er mit einem emotionalen Auftritt deutlich machen.

Design | Er entwickelte ein Raumgebilde, das ganz anders als das meiste moderne Design ist: freundlich, mit emotionalen Formen, einzigartig. Wände wurden gebogen, Eingänge aus einer Raumplastik herausgeschnitten, Nischen gebaut. Licht ergoss sich von der Decke nach unten und formte eine warme, positive Höhle, die durch einen warmen Holzfußboden aufgefangen wurde. Dazwischen versammelten sich Möbel und Objekte aus unterschiedlichsten Projekten von Jordan Mozer: Die nach seiner gelockten Tochter benannte Glasleuchte »Isabel«, der Stuhl mit den Ballettfüßen aus dem New Yorker Ballet, der schwankende Schrank vom Restaurant »Stars« in Frankfurt. Möbel, die zum Schmunzeln und Gespräch anregten, vielleicht Zukunftstrends hinterfragten. Die Emotionalität in diesem Auftritt begeisterte die Besucher sehr.

Der Frankfurter Schrank

Sinnlich-wohnliche Office Solution
Anastassiadis

Aussteller
  Anastassiadis Arquitetos, Sao Paulo, Brasil

Messe
  Office Solution, Sao Paulo

Design
  Anastassiadis Arquitetos

Messebau
  Lock Engenharia Ltda, Sao Paulo

Standbauweise
  konventionell – Einzelmöbel

Größe
  68 qm

Materialien
  Holzlaminat, Teppich und Kieselsteine am Boden, an der Wand Textilgewebe, Tapete und gebürstete Edelstahlplatte, Tischplatte aus Kalkstein, Sitzsäcke aus Kunstleder.

Arbeitswelt mit sinnlich-wohnlichen Entspannungselementen.

Edelstahlwand mit der Firmenphilosophie.

Mittelpunkt des Standes war ein Baum auf einem Kiesweg.

»Tisch der Sinne« mit eingelegten Objekten zum Riechen und Fühlen.

Konzept | Auf dieser sehr bekannten Objektmesse nutzte die Architekturfirma die Gelegenheit, Kontakte mit Unternehmensvertretern und Händlern zu knüpfen, die auf Partner- und Ideensuche sind, und sich zugleich mit ihrer Firmenphilosophie darzustellen. Ihr Anliegen ist es, zu verdeutlichen, dass sie in all ihren CI-Projekten den Menschen in den Mittelpunkt ihrer Überlegungen stellen. Da Arbeitsräume nachhaltig mentale, physische und geistige Qualitäten der Menschen beeinflussen, haben diese auch Einfluss auf die kreative Leistungsfähigkeit. Ihr Interesse, Mensch und Raum zu integrieren und alle Sinne anzusprechen, sollte hier sichtbar gemacht werden.

Design | Daher sollte auf dem Stand keine übliche Bürowelt gezeigt werden, sondern eine Arbeitswelt, die mit sinnlich-wohnlichen Entspannungselementen angereichert ist, um die Sinne und damit Kreativität zu wecken. Mittelpunkt des Standes war daher ein Baum auf einem Kiesweg. Direkt daneben befand sich ein großzügiger Platz mit Sitzsäcken und dem »Tisch der Sinne« mit eingelegten Objekten zum Riechen und Fühlen – ein Platz zur Entspannung und für Gespräche, zu denen die Firmenphilosophie auf der dahinter liegenden Edelstahlwand inspirierte. Auf den Bildschirmen der Bürowelt lief die DVD des griechischen Sänger Ianes und Firmenpräsentationen. Acid Jazz-Hintergrundsmusik bildete die Klangkulisse für intensive Gespräche und TV-Interviews.

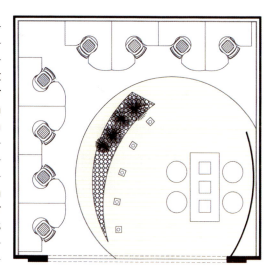

Freisitz
ET-Team

Aussteller
E.T.Equipment Team GmbH

Messe
IBA, München und Marketing
und Medien, Bad Salzuflen

Design
E.t.Equipment Team, Leopoldshöhe

Messebau
E.t.Equipment Team

Standbauweise
individuell

Größe
ca. 8 qm

Materialien
gemaltes Theaterprospekt auf
Holzrahmen, Holzsteg massiv,
Wasserbecken, Dekomaterial

Kurzreise in die Natur
mitten im Messetrubel.

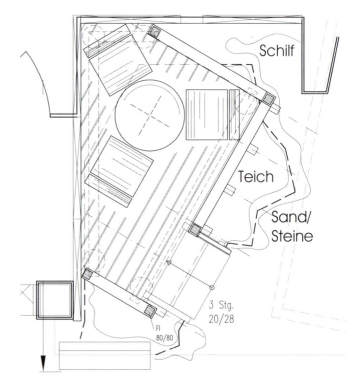

Konzept | Das E.T.Team hat die Kunst der Inszenierung am Theater gelernt und stellt seine Fähigkeiten für Messegestaltungen, Ladenbau und Events zur Verfügung. Ähnlich wie im Theater werden für solche kommerziellen Marketingereignisse »Drehbücher« verfasst, die Unternehmsanliegen bühnenhaft übersetzen und durch eine exakte Logistik und perfekte Regie realisiert werden. In einer Selbstdarstellung wollte die Designagentur ihren Background und ihre Fähigkeiten nach außen vermitteln, Besucher aus dem Bäckereihandwerk bzw. Marketingvertreter der Unternehmen einladen, für kurze Zeit in diese theatralische Welt einzutauchen, um über Erfahrungen und Visionen zu sprechen, sich beraten zu lassen und dabei zu entspannen.

Design | Als Kontrast zum hektischen Messetrubel wurde dem Messebesucher eine Kurzreise in die Natur ermöglicht, ein Verweilen auf einem Bootssteg in der unberührten Weite skandinavischer Seen. Auf kleinster Fläche entstand ein gemaltes Bühnenbild der Seenlandschaft, vor die ein massiver Holzsteg mit Gartenmöbeln als Sitzplatz gebaut wurde. Authentische Dekorationen um ein 10 cm tiefes Wasserbecken mit Geplätscher und frischer Luft, Vogelgezwitscher und Elchlauten untermalten den alle Sinne ansprechenden Auftritt. Durch Präsentationen auf einem 40" Plasma-Screen und per Laptop erfuhren die Besucher ganz nebenbei, dass eine Bühne dieser Art auch für realistische Objekte umgesetzt werden könnte.

Präsentationen von Projekten auf einem Plasma-Screen.

Natur-Produkt
Rhenus Lub

Aussteller
  Rhenus Lub, Mönchengladbach

Messe
  Industriemessen wie Emo, Hannover

Design
  Werkhof, Präger & Gysin AG, Zürich

Messebau
  Winkels Messebau, Kleve

Standbauweise
  Alu-Systemstand

Größe
  40 bis 60 qm

Materialien
  Holzboden rotbraun gebeizt, eingelegte Alu-Platten, Holztische aus Buche für Displays, Aluminiumpaneel, Aluminium-Tragstruktur (Eigenentwicklung), Großfotos gerastert.

Schräg gestelltes, hinterleuchtetes Großfoto der Sonnenblumen mit emotionalem Bezug zur Natur.

Konzept | Als mittelständisches Unternehmen entwickelt und produziert Rhenus Lub Spezialschmierstoffe und Gleitmittel. Ihre Besucher auf den Industriemessen reichen von Handwerkern bis zu Fertigungstechnikern, Ingenieuren und geschäftsführenden Einkäufern der Metall verarbeitenden Industrie. Neben der Festigung der Kundenbeziehungen sollte der Messeauftritt vor allem das Unternehmensanliegen nach außen tragen, den »Mensch im Mittelpunkt« zu sehen und damit zugleich neue, umwelt- und hautverträgliche Produkt zu propagieren. Auf das neue Hautschutzprogramm machte eine Originaltube als Give Away aufmerksam.

Design | Ganz im Sinne dieser Ideologie nahm das schräg gestellte, hinterleuchtete Großfoto an der Rückwand mit den Sonnenblumen emotionalen Bezug zur Natur als einen der Rohstofflieferanten und spielte damit zugleich auf die Umweltverträglichkeit und den Gesundheitsschutz der Produkte an. Unterstützt wurde diese Idee durch die eingesetzten Standmaterialien wie warmtoniges Holz für Boden und Displaytische in Verbindung mit einer klaren technischen Aluminium-Tragstruktur für Decke und Beleuchtung. Um auf die Vielfalt der Messeplätze eingehen zu können, wurde der gesamte Stand modular gebaut.

Modulare Standbauweise
für vielfältige Messeplätze.

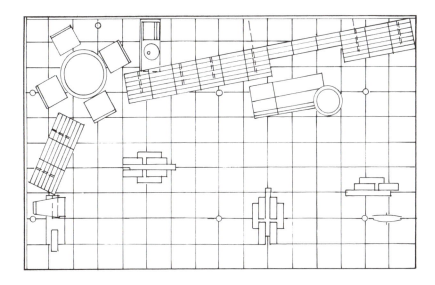

Augen auf für die Tele-Kommunikation
Rutenbeck Fernmeldetechnik

Aussteller
: Wilhelm Rutenbeck Fernmeldetechnik, Schalksmühle

Messe
: Light + Building, Frankfurt/M

Design
: Atelier Holste, Isernhagen

Messebau
: Ludwig GmbH, Springe

Standbauweise
: Octanorm-System umd System Clic von Burkhardt Leitner constructiv

Größe
: 30 bis 100 qm

Materialien
: Aluminium für Systeme, Teppichboden Velour, Edelstahldrahtgewebe für Decke, Buchenholz für Tisch.

Metall-Systeme für Produktplatten und Kommunikationsposter.

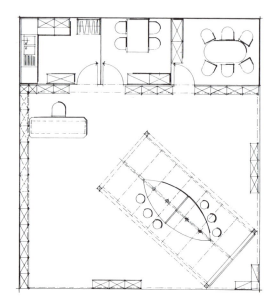

Materialien und Farben
assoziierten das Thema
»Technik«.

Folgende Seite:
Große Bilder mit Augen, Ohr
und Mund waren emotionale
Blickfänge.

Konzept | Rutenbeck ist ein traditionsreiches, mittelständisches Familienunternehmen, das seit mehr als 50 Jahren Produkte und Systeme der Tele-Kommunikationstechnik entwickelt und fertigt. Auf verschiedenen Fachmessen möchte das Unternehmen dem Handel und Handwerk, der Industrie und den Planern verdeutlichen, dass »Rutenbeck – eine sichere Verbindung in die Zukunft« ist. Dies soll durch innovative Produkte mit gutem Design ausgedrückt werden mehr aber noch durch eine persönliche Nähe zum Kunden, die der Messestand ermöglichen soll.

Design | Um auf die technischen Produktmodule zu verweisen und dem Wunsch nach flexiblen Standgrößen gerecht zu werden, wurden für den Messestand ebenfalls Metall-Systeme gewählt, in die die Produktplatten und Kommunikationsposter gut integriert werden können. Große Bilder mit Augen, Ohr und Mund waren emotionale Blickfänge für die Besucher, die im offenen Stand an einem großen Tisch zum Gespräch, zur Produktpräsentation und Bewirtung eingeladen wurden. Materialien und Farben und selbst die Wellendecke aus technischem Edelstahlgewebe assoziierten das Thema »Technik«. Designelemente des Standes tauchten auch in Werbemitteln wieder auf.

Sound-Laterne
Sound & Light

Aussteller
  Sound & Light AG, Stuttgart

Messe
  Musikmesse/Prolight & Sound,
  Frankfurt und Showtech, Berlin

Design
  spek DESIGN, Stuttgart

Messebau
  Raumtechnik, Ostfildern

Lichtplanung
  Sound & Light AG

Fotos
  Silvia Schlecht, spek Design

Standbauweise
  modular

Größe
  40 qm (Frankfurt), 44 qm (Berlin)

Materialien
  Standwände aus Droppaper-Bahnen
  von Procédés Chénel, Theke aus
  Formholz, Makassar furniert, Sessel
  aus textilüberzogenem Schaumstoff,
  Grafikwand aus schwarz lackierten
  MDF-Platten, Teppichboden.

Textile Wände als Grafikträger
für die Firmendarstellung und
Projektionsfläche mit Innen-
und Außenwirkung.

Detail Außen-Innen

Eine 3 m lange Theke diente dem Empfang, der Information und Besprechung.

Konzentrierter Medieneinsatz erzeugte gezielte Effekte.

Entspannung pur
im Lounge-Bereich

Konzept | Sound & Light ein technischer Dienstleister im Medien-, Entertainment- und Veranstaltungsbereich, betreut Kunden aus dem Theater, dem Event- und Veranstaltungssektor, aber auch Architekten und Lichtplaner von der Konzeption bis zur technischen Ausführung. Im Kontrast zu den produktüberladenen Präsentationen der Mitbewerber wollte Sound & Light sich auf dem Stand vor allem seinen Kunden widmen und sie durch Referenzobjekte von ihren Lichtlösungen überzeugen. Der Messestand sollte die Besucher informieren und zugleich eine entspannte Plattform für Gespräche bieten.

Design | Für eine Messe der Veranstaltungstechnik, die von Licht- und Klangeffekten überquillt, wurde bewusst ein schlichter Stand mit viel Atmosphäre entwickelt, der durch konzentrierten Medieneinsatz gezielte Effekte erzeugte. Entstanden ist eine kleine Bühne, die von zwei Seiten durch leichte textile Wände nach außen hin abgeschirmt wurde. Sie waren Grafikträger für die Firmendarstellung und Projektionsfläche mit Innen- und Außenwirkung und machten dadurch aus dem Inselstand eine leuchtende »Laterne«. Eine 3 m lange Theke diente dem Empfang, der Information und Besprechung, unterstützt durch eine direkt dahinter schwebende durchsichtige Projektionsfläche für Referenzobjekte des Unternehmens. Entspannung pur gab es im Lounge-Bereich, der von der schwarzen Grafikwand mit dem internationalen Netzwerk des Unternehmens begrenzt wurde.

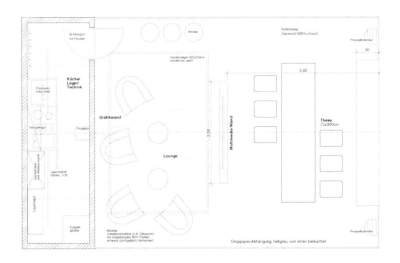

137

Farbrange zum Lernen
Viviance

Aussteller
  Viviance AG, St. Gallen

Messe
  europaweite IT-, Schul- und
  Bildungs-und Industriemessen

Design und Grafik
  Werkhof AG für Konzept und
  Umsetzung, Zürich

Messebau
  diverse kleine Handwerksbetriebe

Auszeichnung
  auf mehreren Messen als bester
  Stand ausgezeichnet

Standbauweise
  modular

Größe
  von 2,5 bis 28 qm

Materialien
  Rückwände aus bedruckter Textilbespannung, textil bespannte Leuchten, Theke aus lackiertem Holz und Acrylglas, Teppichfliesen.

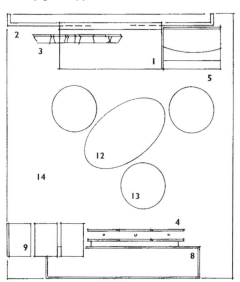

Konzept | Viviance ist ein europäischer Spezialist für internetbasierte Weiterbildung (e-Learning), das Großunternehmen und Institutionen alle Leistungen anbietet: von der Beratung bis zur Realisierung und dem Management internetbasierter Informations- und Lernsysteme. Mit dem Slogan »We increase your Return on Education« bietet es auf vielen Messen und Kongressen Europas seine Leistungen für multimediales Lernen an. Seine Ansprechpartner reichen von Schulmittelbehörden bis zu Schulungskräften in der Industrie.

Standtyp 2 (5 qm)

Design | Einfach und auffallend überrascht dieser Stand in verschiedenen Größen auf Kongressen und Fachmessen und veranlasst Besucher zum Stehenbleiben und Nachfragen. Zentraler Blickfang ist eine skulpturale Stehleuchte, die dem Stand eine wohnlich-kunstvolle Atmosphäre verleiht. Leuchtende, farbig abgestufte Rückwände aus einem bedruckten, textilen Hohlkörper signalisieren das Leistungsangebot. Die weiche Farbskala spielt auf den Namen des Unternehmens an. Ungewöhnlich ist auch der Give-Away-Sideboard mit einer integrierten leuchtenden Schale für Saisonfrüchte oder Blumenkissen. Leuchtende Info-Panels in DIN A 4 werden messespezifisch verändert.

Einfach und auffallend mit wohnlich-kunstvoller Atmosphäre.

Zentraler Blickfang ist eine skulpturale Stehleuchte.

Leuchtende Info-Panels in DIN A 4 werden messespezifisch verändert.

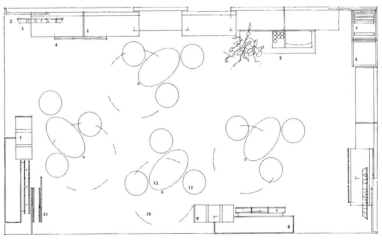

Standtyp 1 (28 qm)

Clubatmosphäre
Profidata

Aussteller
 Profidata Group, CH-Baden

Messe
 Orbit, Basel

Design
 Urs Hofer, CH-Bellach

Messebau
 Creaworld AG, CH-Bellach

Standbauweise
 individuell

Größe
 68 qm

Materialien
 Wände und Säulen in Chromnickelstahl gebürstet, Decke – Chromnickelstahl-Netz, Boden -Labradorstein schwarz, Bar und Infotheke-Chromnickelstahl mit Labradorabdeckung

Bankenwelt – qualitäts- und stilvolles Ambiente.

Fackelleuchten vor dunklen, matt gebürsteten Metallwänden.

Konzept | Die Profidata Group ist ein erfolgreiches Schweizer Softwarehaus, das für Banken, Fondsgesellschaften, institutionelle und private Anlageberater Softwareprodukte für Asset und Portfoliomanagement entwickelt. Für Profidata war entscheidend, mit seinem Messeauftritt seine Position auf dem Markt und sein Image deutlich herauszustellen. Kommunikation mit dem Kunden und Kundenpflege waren die vorrangigsten Ziele, die durch eine außerordentliche und überraschende Standarchitektur zum Ausdruck kommen sollten. Daher hieß für die relativ kleine aber bedeutsame Zielgruppe das Messemotto: Zeit geben und Kompetenz zeigen.

Design | Für die Kunden aus der Finanzwelt wurde ein gestalterisches Umfeld entwickelt, das an die Bankenwelt erinnert – ein qualitäts- und stilvolles Ambiente, das zeitlos gültig ist. Die Finanzprofis konnten sich wie in einem Club in einer gepflegten Lounge niederlassen, um dort empfangen, beraten und mit Champagner, Lachs- und Sushi-Canapées verwöhnt zu werden. Auf großen Flatscreens wurden die Produkte besprochen, während sich das Unternehmen selbst überwiegend durch die Standarchitektur definierte. Schwarze weiche Ledersessel gruppierten sich vor dunklen, matt gebürsteten Metallwänden, die durch raffinierte, moderne Fackelleuchten im Riesenformat sanft schimmerten und dem Raum etwas Sakrales gaben – Lichteffekte, die als CI-Design inzwischen auf die Website übertragen wurden.

Gepflegte Lounge für Empfang, Beratung und kulinarische Häppchen.

Schwarz-rote Brokerlounge
BW Bank

Aussteller
  BW Bank, Stuttgart

Messe
  Invest, Stuttgart

Design
  Uwe Münzing, freier Architekt, Stuttgart

Messebau
  Dietrich Display Messebau, Friolzheim

Standbauweise
  modular

Größe
  77 qm

Materialien
  Mobiliar aus schwarzen MDF-Platten, silberfarbener Sisalboden, silberfarbenes Lasergewebe (Polyester mit Alu bedampft), Aluminium.

Eine silbrig schimmernde Wand aus einem transluzenten Gewebe mit Firmenlogo, schirmte den Messestand nach außen hin ab.

Schwarze U-förmige Stehtische dienten kurzen Gesprächen.

Alufarbene Terminals mit einer roten Grafikwand als Wandschirm für gezielte Beratung.

Großer Brokertisch, stellvertretend für schnelle Reaktionen im Börsengeschäft.

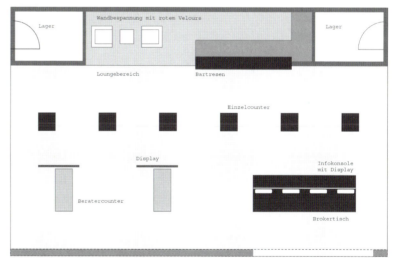

Konzept | Die Baden-Württembergische Bank AG ist die größte private Geschäftsbank in Baden Württemberg, die sich auf mittelständische, auch exportorientierte, Firmenkunden und anspruchsvolle Privatkunden konzentriert. Auf dem Messestand sollten bereits bestehende und neue Firmen-, Handels- und Privatkunden auf die besonderen Leistungen im Börsengeschäft und in der Investitionsförderung aufmerksam gemacht werden, denen eine vertrauensvolle Beratung zugrunde liegt. Zur Identifikation sollte der Messestand in Farbe und Anmutung typische Elemente des Firmengebäudes enthalten.

Design | Eine silbrig schimmernde Wand aus einem transluzenten Gewebe mit Firmenlogo, schirmte den Messestand nach außen hin ab, filterte aber auch die Besucher und stand für die Hauptmerkmale einer Bank – Vertrauen und Verschwiegenheit – gewichtig eingerahmt, um die dahinter stehende Kompetenz glaubhaft zu machen. Die Besucherblicke fielen als Erstes auf einen großen Brokertisch, stellvertretend für schnelle Reaktionen im Börsengeschäft. Für gezielte Beratung gab es alufarbene Terminals mit einer roten Grafikwand als Wandschirm. Schwarze U-förmige Stehtische dienten kurzen Gesprächen und im schwarzen »Gebäude« mit Lamellenstruktur konnten sich Geschäftskunden in welchen Sesseln in der Lounge niederlassen. Die Farben Schwarz, Rot und Aluminium erinnerten an das Firmengebäude und verliehen der BW Bank ein wertvoll-elegantes und kompetentes Image.

The Red Connection
m+a Verlag

Aussteller
  m+a Verlag, Frankfurt am Main

Messe
  Euroshop, Düsseldorf

Konzeption/Design
  Krüger Kommunikation, Osnabrück

Messebau
  Conform Messe- und Ausstellungsbau GmbH, Halle

Standbauweise
  konventionell

Größe
  54 qm

Materialien
  Wände und Theken aus Spanplatten lackiert, Teppichfliesen, Großfoto aus Spannfotosystem von Hinrichs FotoFactory.

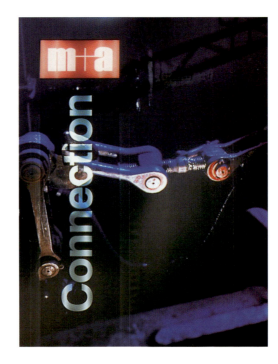

Connections zwischen Produkten, Anwendern und Lesern.

Firmenfarbe Rot für den gesamten Stand einschließlich Mobiliar.

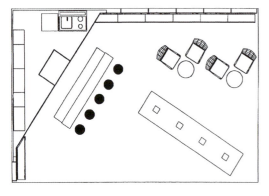

Konzept | Der m+a Verlag ist ein auf das Marketinginstrument Messen und Ausstellungen spezialisierter Fachverlag, deren Kernzielgruppe Geschäftsführer und Marketingfachleute der Zulieferindustrie und Event-Branche sind. Um vor allem neue Kunden zu gewinnen, sollte das Standkonzept offen und einladend sein mit hohem Aufforderungscharakter. Neben einer reduzierten aber markanten Produktpräsentation stand die Kommunikation im Vordergrund mit mehreren Gesprächsinseln für eine unterschiedliche Verweildauer. Im Zentrum der Kommunikation stand die »Informationsvermittlung des Marketinginstruments Messen«.

Design | Für die Präsentation und Kommunikation dieses Fachverlages wurde eine reduzierte und plakative Raumform mit Signet-Charakter entwickelt. Wie ein Signal überzog die Firmenfarbe Rot den gesamten Stand einschließlich Mobiliar, nur unterbrochen durch ein typografisches weißes Band, das beim näheren Hinschauen über die Publikationsfelder des Verlages informierte. Kernstück des Standes war eine schräg in den Raum gestellte Theke, die die Besucher hineinzog. Hier waren die Produkte – die Publikationen – wie Schmuckstücke in der Platte versenkt und mussten von oben betrachtet werden. Als weithin sichtbarer Blickfang hing darüber bis zu 6 m hoch ein Großfoto mit dem Begriff »connection«, das deutlich machte, worum es ging: Um Connections zwischen Produkten, Anwendern und Lesern, die an der Infotheke oder in bequemen Sesseln aufgebaut werden konnten.

Produktfarben auf poppigen Polstern
Waltham

Aussteller
  Masterfoods GmbH, Abt. Waltham

Messe
  Veterinärmedizinische Messen und Kongresse

Design
  Dirk Bachmann-Kern, Innenarchitekt, Detmold

Messebau
  Tischlerei Frank Sellmann, Barntrup

Fotos
  Christoph Isenberg, Hamburg

Standbauweise
  konventionell gefertigter Modulstand

Größe
  20 bis 60 qm

Kosten:
  ca. € 800/qm

Materialien
  lackierte MDF-Topan-Wände, französischer Nussbaum für Vitrinen und Thekenplatten, Alcantara für Sitzpolster, farbiges Plexiglas, Edelstahl, dunkelgrauer Teppichboden.

»Caring-Hand« des Waltham Logos.

Die Produkte wurden wie Kostbarkeiten in beleuchteten Holzvitrinen präsentiert.

Poppige Sitzpolster transportierten auf legere Weise die Produktfarben.

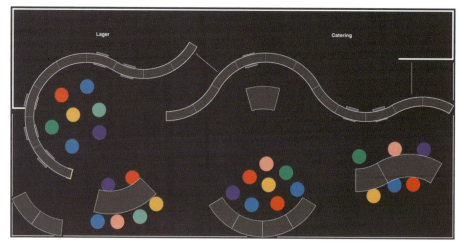

Konzept | Waltham, das Forschungszentrum für Tierernährung in England, gehört zur Mars Inc., einem Hersteller u.a. für Süßwaren, Lebensmittel und Tiernahrung. Unter der Marke Waltham werden veterinärmedizinische Diätfuttermittel für Hunde und Katzen an Tierärzte verkauft, die auf diesen Kongressen über neue Produkte informiert werden. Zugleich aber dienen diese Veranstaltungen der Imagebildung und der Pflege persönlicher Kontakte. Im Zuge einer Europäisierung sollte das CI und damit das Messedesign völlig neu definiert und gestaltet werden, ein junges, dynamisches Team widerspiegeln und Tierärzte zwischen 35 und 50 Jahren ansprechen. Der Stand sollte obendrein sehr flexibel sein, sich von gängigen Systemständen völlig unterscheiden und einen hohen Wiedererkennungswert besitzen. In die produktbezogene Farbkodierung sollte ebenso wie die Logo-Farben Blau/Weiß integriert sein.

Design | Der neue Messeauftritt sah eine geschwungene blaue Wand in modularer Bauweise vor, die ein vorhandenes Messesystem einband. Die weichen Formen symbolisierten in Farbe und Form die »Caring-Hand« des Waltham Logos und bildeten unterschiedlichste Raumbereiche für Präsentation, Besprechungen und Information. Poppige Sitzpolster transportierten auf legere Weise die Produktfarben und gaben dem Stand eine fröhliche, eher clubartige Atmosphäre, die vom Standteam und den Besuchern begeistert aufgenommen wurde und sich hervorragend einprägte. Die eher langweilig in Tüten und Dosen verpackten Produkte wurden wie Kostbarkeiten in beleuchteten Holzvitrinen präsentiert, die aber auch als Diakästen, Videomonitore oder Internet-Terminal eingesetzt werden können.

Kontaktbörse
Neue Züricher Zeitung

Aussteller
: Neue Zürcher Zeitung, Verlag, Zürich

Messe
: Buchmesse, Frankfurt/M

Konzeption
: Publicis Werbeagentur AG, BSW, Zürich

Design
: Reinhard Design AG, CH-Zürich-Gockenhausen

Messebau
: Fürst Messebau, CH-Pratteln

Standbauweise
: modular

Größe
: 64 qm

Materialien
: Holz-Sandwichkonstruktion für Wände, lackiert und Holzboden, gestrichen.

Darstellung der Zeitung in ihrer Einfachheit und Materialität (Urversion).

Konzept | Die Neue Zürcher Zeitung gehört zu den meist gelesenen Tageszeitungen der Schweiz mit einer über 220 Jahre alten Tradition. Sie richtet sich an Leader aus Wirtschaft, Wissenschaft, Politik und Kultur, ist nicht nur lokal und national stark verankert sondern auch auf internationaler Ebene. Auf der Buchmesse sollten vor allem Leser der Internationalen Ausgabe angesprochen werden, deutsche Redakteure von den Rubriken »Feuilleton« und »Ausland«, interessierte Verleger, Schriftsteller aber auch in Deutschland lebende Schweizer – eine Kontaktbörse unter dem Slogan »Dem Gesamtbild zuliebe«. Ein Wissensquiz aus der Beziehung Deutschland-Schweiz, das auf Redaktionsthemen basiert, ist jährlicher Anziehungspunkt der Besucher.

Design | Als Kontrapunkt zu den Hightech-Medien wurde von der NZZ nicht ihre Funktion als Informationsträger in den Vordergrund gestellt, sondern die Zeitung in ihrer Einfachheit und Materialität. Überdimensionale, stilisierte Zeitungsseiten schufen eine großzügige, eindrucksvolle Standkulisse, die das Produkt Zeitung inszenierte, um damit die Besucher zu animieren und zu interessieren. Blickfang und Identifikationsträger zugleich war ein großes freistehendes Eckelement einer zusammengeklappten Zeitung mit Titelzeile. Auf den Zeitungsseiten war eine Zeile mit Bleistiften integriert, die frei entnommen werden konnten, um eigene Gedanken oder vielleicht Kritik niederzuschreiben und die obendrein als Werbeträger dienten. Kontaktmöglichkeiten entstanden durch die Informationstheke, den Wettbewerb und die ausgelegten Zeitungen.

Überdimensionale, stilisierte Zeitungsseiten schufen eine großzügige, eindrucksvolle Standkulisse (Folgestand).

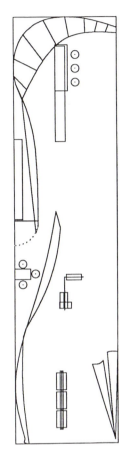

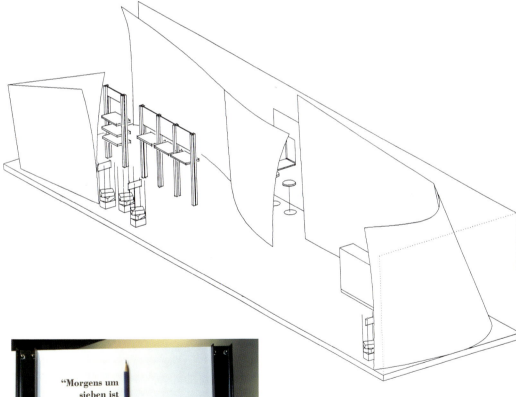

Ein Wissensquiz aus der Beziehung Deutschland-Schweiz, das auf Redaktionsthemen basiert, ist jährlicher Anziehungspunkt der Besucher.

Ferrari-Rot für Fliesenausstellung
Ceramic Tiles

Aussteller
: Ceramic Tiles of Italy, Italian Trade Commission, New York

Messe
: American Institute of Architects, National Convention, Denver/Colorado

Design
: Mauk Design, USA-San Francisco

Messebau
: Peak Exhibits, Denver, Colorado

Standbauweise
: konventionell

Größe
: ca. 74 qm

Materialien
: elementierter Gummiboden für Sportstätten, rotes Kunststofflaminat auf Präsentations-Kuben, weiße Kunststoffstühle von Philippe Starck in Italien produziert, rotes Stretchmaterial von Moss über Aluminium-Rahmen für Spitzen.

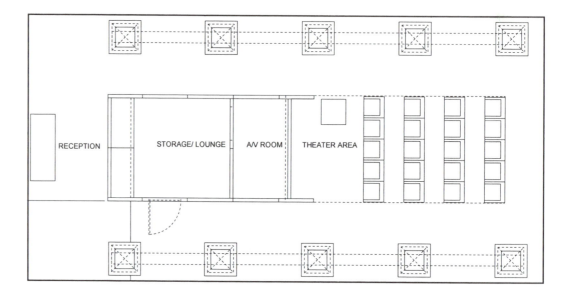

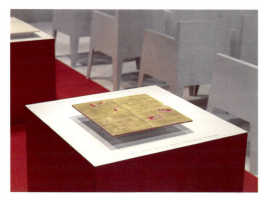

Konzept | Auf diesem speziellen Architektenkongress, auf dem Hersteller ihre Produkte präsentierten, stellte sich die Amerikanische Handelsorganisation den italienischen Fliesenherstellern vor, um Architekten und Bauunternehmen auf die Schönheit und Möglichkeiten der italienischen Fliesen aufmerksam zu machen, die für den amerikanischen Markt als hochwertige Importprodukte gelten.

Design | In der Baubranche werden Fliesen als Grundprodukte, die alle gleich zu sein scheinen, angesehen. Aus Kundensicht wiederum gelten Fliesen in den USA als schwer, zerbrechlich und teures Importprodukt. Für den Kongress entwickelten die Designer daher eine Ausstellungsidee, die die Produkte in ganz minimalistischer Form zeigte – wie ein Kunstobjekt. Einige Fliesen waren ganz besonders in Material und Oberfläche, andere eher alltäglich. Die Selektion machte alle zu etwas Besonderem. Um von weitem auf diesen Stand aufmerksam zu machen, wurden über den Produkten lange schmale roten Spitztüten aufgehängt, die die Besonderheit hervorhoben. Das Rot spielte dabei auf das Ferrari-Rot an, da viele Fliesenhersteller in der Nähe von Ferrari angesiedelt sind. Zwischen den Fliesenreihen fanden Vorträge statt, in denen es um Fliesenverarbeitung und um Anwendungsmöglichkeiten ging.

Eine Ausstellungsidee, die die Produkte in ganz minimalistischer Form zeigte – wie ein Kunstobjekt.

Coole Transparenz
Content Management

Aussteller
  Content Management AG, Köln

Messe
  Internet World, Berlin

Design
  Büro Thomas Müller, Berlin

CI-Design
  Sense/Net, Köln

Messebau
  Mathias Klein Tischlerei GmbH, Berlin

Fotos
  Uwe Spoering, Köln

Auszeichnung
  ADAM-Award der ausgezeichneten Messeauftritte 2001, Kategorie bis 150 qm, 2. Preis

Standbauweise
  modular

Größe
  80 qm

Materialien
  Laminate, Doppelstegplatten für Besprechungswände, Aluminium, Glasfaserstoff.

Die Standgestaltung griff überzeugend Elemente des Corporate Design und der IT-Welt auf.

Aluminium und transluzente Kunststoffe gaben dem Stand einen modernen, coolen Touch.

Konzept | Bei diesem Erstauftritt des Unternehmens mit einem schwer vermittelbaren Produkt war es das vorrangige Ziel, die Software CM4all in den Markt einzuführen. CM4all sollte als Marke mit eigenem Branding sowohl unter kleinen und mittelständischen Unternehmen, bei Endkunden wie auch bei Vertriebspartnern als die Lösung für Content-Management-Systeme bekannt gemacht werden. Der Messeauftritt wurde durch Interviews mit Prominenten, Musik- und Tanzeinlagen, Gewinnspielen und einen Wettbewerb angereichert, brachte 390 Gespräche mit Kooperationspartner, 500 Endkundengespräche und 800 Gäste auf dem Keynote-Vortrag.

Design | Die Standgestaltung griff überzeugend Elemente des Corporate Design und der IT-Welt auf, um auf die Marke und das junge Unternehmen aufmerksam zu machen. Systematische kubische Bausteine standen für die Bereiche Präsentation, Kommunikation und Beratung und symbolisierten zugleich die Bausteine des Softwareprogramms. Zurückhaltende Materialien wie Aluminium und transluzente Kunststoffe gaben dem Stand einen modernen, coolen Touch, während die Farbigkeit aus dem Produktlogo abgeleitet war. Das Produkt CM4all selbst wurde durch eine große, zentrale Medienwand präsentiert und konnte als aufgedruckter Quellcode auf dem Boden visuell erlebt werden. Eine große ovale Scheibe deckte den Stand von oben ab und gab ihm eine signethafte Geschlossenheit.

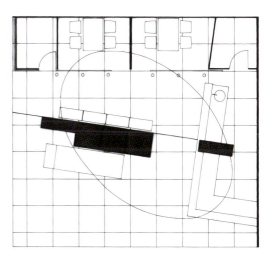

Zentrale Medienwand mit aufgedrucktem Quellcode.

Die Farbigkeit wurde aus dem Produktlogo abgeleitet.

Kommunikatives Farbspiel
Together Soft

Aussteller
  Togethersoft Germany, Stuttgart

Messe
  Cebit, Hannover

Design
  Fey messedesign objektdesign, Ulm,
  Jürgen Fey, Richard Uitz

Messebau
  Fey messedesign objektdesign, Ulm

Fotos
  Frank Erber, Ostfildern

Standbauweise
  modular

Größe
  101,5 qm

Materialien
  Rückwand aus Octanorm-MAXIMA-System, transluzente Vinylpaneele mit Digitaldruck, Teppichboden, PC-Plätze aus USM-System mit Acryl-Einlagen und satiniertem Glas, Tische und Hocker aus Aluguss von der Firma AMAT, Stühle von Vitra.

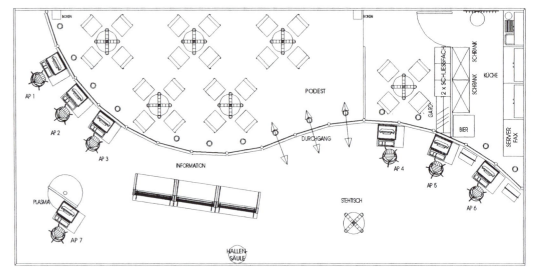

Die gebogene Paneelwand visualisierte architektonisch die Form des Firmenlogos.

Kommunikatives Farbspiel
mit großer Fernwirkung.

Hinter der Wand konnten
ruhige Gespräche geführt
werden.

Konzept | Unter dem Motto »Improving the ways people work together« hat sich das junge Unternehmen mit Hauptsitz in den USA zur Aufgabe gemacht, mit speziell entwickelten Software-Programmen die Zusammenarbeit von Software-Entwicklungsteams zu vereinfachen. Zu ihren Kunden zählen Anbieter für Softwareprodukte, Systemintegration, Finanzdienstleistungen und Telekommunikation. Auf einer Messe wie der Cebit ging es dem Unternehmen vor allem um Imagepflege, Verstärkung seines Bekanntheitsgrades, um Kundenpflege und Neukundenfindung. Der Messestand sollte daher Signalwirkung haben und Möglichkeiten bieten, die Produkte kennen zu lernen und Gespräche zu führen.

Design | Eine lang gezogene, bogenförmige Paneelwand durchzog den gesamten Stand und visualisierte architektonisch die Form des Firmenlogos durch einen leuchtenden Farbverlauf von Rot nach Blaugrün, aber auch den Begriff »Soft«. Das kommunikative Farbspiel wiederum faszinierte mit einer großen Fernwirkung und signalisierte eine fröhliche und einladende Atmosphäre im Sinne der Produktinhalte. Vor der wellenförmigen Fassade standen Terminals, um die Produkte kennen lernen zu können, dahinter konnten ruhige Gespräche geführt werden. Die auffallenden Farben und Materialien übersetzten Technik in einer jungen, dynamischen Form – jenseits des üblichen blaugrauen Hightech-Verständnisses.

Gebaute Werbung
DNS Digital Network Service

Aussteller
  DNS Digital Network Service,
  Fürstenfeldbruck

Messe
  Systems, München

Design
  Wenger & Wittmann, Bernd
  Steinbach, Haar bei München

Messebau
  Wenger & Wittmann,
  Haar bei München

Standbauweise
  individuell

Größe
  98 qm

Materialien
  lackierter Holzdielenboden,
  Alu-Rahmenkonstruktion,
  Plexiglastafeln, laminierte
  Holzwände. Tische und Hocker
  mit Kunststoff und Alu
  beschichtet.

Diagonal eingestellte, 5 m hohe leuchtende Technik-Wand mit Trennungsfunktion der Standbereiche.

Konzept | Der Dienstleistungsanbieter DNS analysiert, selektiert und vermarktet Produkte im Bereich Global Network Computing. Auf der Messe wollte er sich als kompetenter Partner für funktionierende Dotcom-Lösungen herausstellen, der Partnern aus der Geschäftswelt als auch Endkunden hilft »com-fähig« zu werden. Mit dem Messeauftritt sollte vor allem der Nutzen von »com« hervorgehoben werden wie Mobilität, Verfügbarkeit, Flexibilität und Sicherheit und die aktuelle Werbekampagne übersetzt werden, die unter dem Slogan lief: »Das Fundament des Erfolges ist nicht etwa eine gute Geschäftsidee, sondern der Kopf, in dem sie entsteht«. Zu ihren Kunden zählen Händler wie Systemhäuser, Service Provider und VARs.

Design | Hauptaugenmerk wurde beim Messestand auf die visuelle Übersetzung der Werbekampagne gelegt. Auf den 14 m langen Stand wurde diagonal eine 5 m hohe leuchtende Technik-Wand hineingestellt, die den speziellen Nutzen von dot.com grafisch sichtbar macht und zugleich bildhaft und überdimensional die Motive der Werbekampagne transportiert. Die diagonale Wand bot zugleich die Möglichkeit, Informations- und Besprechungsbereiche voneinander zu trennen. Bei der Übersetzung eines IT-Unternehmens sind Bilder aus der Schiffssprache nicht ganz zufällig, um das Surfen, Segeln und Navigieren zu verdeutlichen. Daran erinnerte der Holzdielenboden, die Bullaugen der Galerie für die Bar und die riesige Technowand stand für das große Segel, das ankündigt und dabei allen Problemen trotzt.

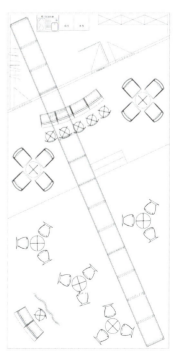

Visuelle Übersetzung der Werbekampagne.

Oase der Entspannung
entory

Aussteller
  entory AG, Karlsbad

Messe
  Cebit, Hannover

Design
  fey Messedesign, Objektdesign,
  Ulm-Jungingen

Messebau
  fey Messedesign, Ulm-Jungingen

Standbauweise
  modular

Fotos
  fey Messedesign und Ingrid Wenz-Gahler

Größe
  104 qm

Materialien
  Boden und Brücke aus Bankiray-Holz, Geländer und Prospektstangen aus Edelstahl, Kabinenwände aus satiniertem Glas, Arbeitsplätze USM-mit Acrylglasplatten.

Bambusbüsche säumten einen kleinen Bach, über den eine Brücke in das Standinnere führte.

Inmitten der lauten Messewelt eine Oase der Entspannung.

Konzept | Die entory AG erstellt für Finanzdienstleister E-Finance-Strategien und setzt dies in kundengerechte IT-Lösungen um. Ihre Projektmanagement- und Bankingerfahrungen mit Technologie-Know-How machen sie zu einem dynamischen und innovativen IT-Dienstleister, was auf der Messe sichtbar werden sollte. Nicht nur das komplette Leistungsportfolio sollte vorgestellt werden, sondern vor allem die auf Kundenanforderungen maßgeschneiderte IT-Lösungen. Unkonventionell wie diese Lösungen sollte daher auch der Stand sein, inmitten einer lauten grauen Hightech-Welt eine Oase der Entspannung, des Wohlfühlens und Vertrauens, die zeigt, dass hinter dieser IT-Welt auch Menschen stecken – ein Brückenschlag zwischen Technik und Mensch.

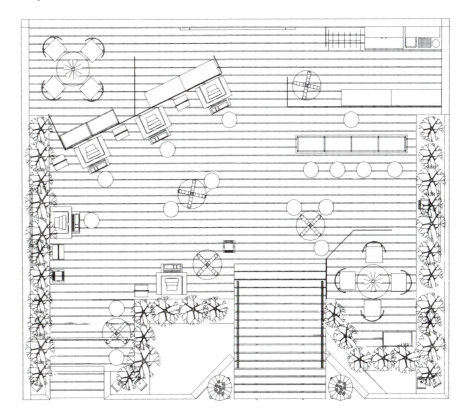

Design | Die maigrüne Firmenfarbe von entory lieferte die Idee, inmitten der lauten Messewelt eine Oase der Entspannung zu bauen, in der große Bambusbüsche einen kleinen Bach säumten, über den eine Brücke in das Standinnere führte. Duft nach Rindenmulch und Vogelgezwitscher statt lauter Show und farbigen Lichtspielen. Massive Holzbohlen setzten sich im Inneren fort, in einen offenen hellgrünen Raum mit umlaufendem himmelblauen Fotofries – wie ein Streif am Horizont, der neue Ideen verheißen ließ. Frühlingshaftes Grün, warmtoniges Holz, Glas und Edelstahl und eine einfache eindeutige Grafik schufen eine unkomplizierte Arbeitsatmosphäre zum Wohlfühlen, die dem Kunden Vertrauen in das Unternehmen vermittelte.

Offener hellgrüner Raum mit umlaufendem himmelblauen Fotofries.

Unkomplizierte Arbeitsatmosphäre zum Wohlfühlen.

Frühlingshaftes Grün, warmtoniges Holz, Glas und Edelstahl.

Formbare Wohnlandschaft
FormBar

Aussteller
 FH Köln, FB Architektur,
 Raum- und Objektgestaltung

Messe
 IMM Internationale Möbelmesse
 (2002), Köln

Konzeption/Design/Messebau
 FH Köln, FB Architektur,
 Prof. Jochen Siegemund

Standbauweise
 modular

Größe
 ca. 30 qm

Materialien
 beschichtete Schaumstoffzylinder
 mit Durchmessern zwischen
 20-40 cm und Höhen von 2 bis 3 m.

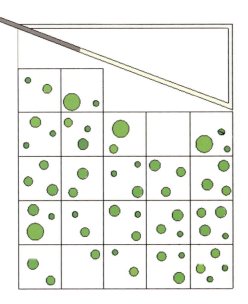

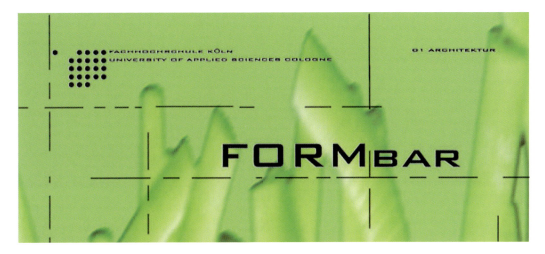

Papilotten brachten die zündende Idee für
eine formbare Sitz- und Wohn-Landschaft.

Die Messebesucher wurden aufgefordert, sie frei zu formen, darauf zu sitzen, zu liegen, auszuruhen oder gar herumzutoben.

Wie ein Dschungel oder eine Wiese aus dichten beweglichen Halmen.

Konzept | Die Fachhochschule Köln, Fachbereich Architektur, unter der Leitung von Prof. Jochen Siegemund nahm die Einladung der Kölner Messe zum Anlass, eigene Ideen zum Thema »Wohnen« in eine Erlebniswelt umzusetzen, einen Wohndschungel, der den Messebesuchern durch das neue Raumgefühl auch eine andere Sicht auf die Architektur vermitteln sollte. Hinter der Idee steckten Fragen wie: »Welchen Bedeutung haben Möbel heute, müssen sie oder nur der Mensch flexibel sein?«. In einer 1:1-Installation wurden die Besucher zum »Bewohnen« eingeladen. Daneben vermittelten die Studenten Einblicke in ihre Projektarbeiten an der FH.

Design | Auf der Suche nach einer sinnlichen, natürlichen Möbel- und Lebensform brachten Papilotten, biegbare Schaumstoff-Lockenwickler aus den 70er Jahren, die zündende Idee für eine formbare Sitz- und Wohnlandschaft – die »Archilotten«. Bis zu 3 m hohe Schaumstoffzylinder mit Drahtkern wurden auf dem Boden befestigt, spendeten Licht durch ihre dicken Öffnungen und forderten die Messebesucher auf, sie frei zu formen, darauf zu sitzen, zu liegen, auszuruhen oder gar herumzutoben. Unter dem Motto »form your own function« hatten die Studenten ein futuristisches Möbelwesen inszeniert – weich, grün und anschmiegsam – wie ein Dschungel oder eine Wiese aus dichten beweglichen Halmen, die durch die Benutzer immer wieder neue Formen annahm. Der Hintergrund wurde durch projizierte Studentenarbeiten und sanfte Naturgeräusche belebt. Eine erfolgreiche Installation, die inzwischen unter www.r-leben.de ihr Eigenleben entfaltet.

Visionäre Wasserwelt
Aqualounge

Aussteller
  Planungsbüro Seel Bobsin
  Partner, Hamburg

Messe
  50 jährige Jubiläumsveranstaltung
  des BDIA, Cellpap-Terminal, Hamburg

Design
  Gunnar Seel, Kim Marc Bobsin
  und Thomas Notholt (Lichtplanung)

Messebau
  Fuhrmann Bühnentechnik, Elmshorn
  und sbp Seel Bobsin Partner

Fotos
  Karsten Knocke, Hannover

Standbauweise
  individuell

Größe
  ca. 14 qm

Materialien
  Elektrolumineszenz-Folien, satiniertes
  Plexiglas für Wände, Spiegellaminat,
  silber-grauer Vinylschlingen-Bodenbelag
  (aus Sauberlaufbereich)

Der Container ist reisetauglich und könnte als Showroom oder Gastroanbindung eingesetzt werden.

Unterwasser-Szenarium

Das Licht- und Musikkonzept ist veränderbar.

Hinterleuchtete Seitenwände mit pulsierenden Lichtcollagen.

Konzept | Anlässlich des 50-jährigen Jubiläums des BDIA (Bund Deutscher Innenarchitekten) wurde in einem Event »Zehn Räume auf zwanzig Fuß« das Gelände der künftigen Hafencity in Hamburg vorab künstlerisch erobert. Im 12000 qm großen Cellpap-Terminal wurden zehn 20 Fuß Seecontainer als kleinste, im Hafen bereits bestehende Raumeinheit platziert und von Architekten und Innenarchitekten mit individuellen Raumkonzepten »bespielt«, um die über 2500 an Architektur interessierten Besucher und die Vertreter der Presse zu sensibilisieren, welchen Stellenwert die Innenarchitekten in der Nutzung der künftigen Hafencity einnehmen könnten. Der Container ist reisetauglich und könnte als Showroom oder Gastroanbindung eingesetzt werden. Das Licht- und Musikkonzept ist veränderbar.

Design | Die Designer bezogen sich in ihrer Idee unmittelbar auf den Hafen und das damit verbundene Element »Wasser« als Ursprung allen Lebens und möglichen Lebensraumes. Die »Aqualounge« war eine begehbare Rauminstallation zum »Abtauchen« und Erleben eines völlig neuen Raumgefühls. Kreisförmige, raumbildende Elemente wurden durch Spezialfolien und farbigen Lichtwechsel zu schillernden, stilisierten Wassertropfen oder Wasserpflanzen, Teil einer inszenierten Unterwasserwelt. Die hinterleuchteten Seitenwände gaben zusammen mit pulsierende Lichtcollagen dem Raum ein rätselhaft-visionäres Eigenleben. Weiche Hocker luden zu Gesprächen und zur Entspannung in diesem Unterwasser-Szenarium ein.

Raumstruktur mit Licht und Ton
Lattenhöhle

Aussteller
  FH Köln, Fachbereich Architektur, Köln

Messe
  IMM Internationale Möbelmesse, Köln

Konzeption/Design/Messebau:
  FH Köln, FB Architektur,
  Prof. Jochen Siegemund

Auszeichnung
  Adam Award 2001 – Sonderpreis

Standbauweise
  modular

Größe
  60 qm

Kosten
  durch Sponsorengelder und Eigenleistungen finanziert (FH Köln, Köln Messe, Showtec, Peugeot Deutschland)

Materialien
  3000 m Dachlatten (wurden zu 100 % für Zimmerarbeiten verbaut), 5000 Kabelbinder (wurden eingelagert), 199 Stck. Gehwegplatten (zurück zum Großhandel), 40 qm Teichfolie (im FH Garten verbaut) und 1000 l Wasser.

Der Slogan der studentischen Darstellung.

Konzept | Studenten der Fachhochschule Köln, Fachbereich Architektur, nutzten die eigens eingerichtete Plattform »Future Point« der Messe Köln, um ihr Architekturstudium experimentell und attraktiv, informativ und integrativ darzustellen. Unter dem Slogan »Architektur ist alles, was nicht umfällt« ging es darum, abseits des belebten Messetrubels interessierte Besucher anzuziehen und über die Vielseitigkeit des Architekturstudiums audiovisuell zu informieren. Das architektonische Konzept sollte sich dabei sowohl der Lehrinhalte als auch der außergewöhnlichen Messe-Architektur der Lichtharfe in Halle 6 widmen. Die Idee sollte visuell wahrgenommen und räumlich erfahren werden können. Besondere Auflage war der ressourcenschonende Einsatz von Materialien und deren Wiederverwendbarkeit.

Der Raum wurde von einem Wasserspiegel gefasst.

Dekonstruktivistische Raumstruktur aus Dachlatten.

Die Lichtinszenierung unterstrich die Raumidee.

Design | In einem von einem Wasserspiegel gefassten Raum wurde eine dekonstruktivistische Raumstruktur aus Dachlatten gebaut, die mit Informationsträgern in Form von Lichtbildkuben, Zitaten und Klangoasen bestückt war. Das hölzerne Objekt verkörperte dabei die Vielfalt der Beteiligten, der Fächer und Meinungen, die erst im gespiegelten Abbild eine Symbiose eingingen. Die Lichtinszenierung unterstrich die Raumidee. Vor dem Hintergrund eines speziellen, blau-gleißenden Hallenlichts wurde das Objekt mit glühenden leichtpulsierenden Orangetönen bespielt. Weiche und sanfte Klänge vermischten sich mit Tonsequenzen realisierter Projekte, die in von oben abgehängten Guckkästen angesehen werden konnten.

Literatur & Weiterbildung

Bücher

Standardliteratur Messe-Design

Messestand-Design – Temporäres Marketing- und Architekturereignis, Grundlagenwerk über Entwicklung von Messeständen vom Briefing bis zur Umsetzung, von Ingrid Wenz-Gahler, 2. Aufl. 1999, 244 S., 552 Abb. und Pläne, Verlagsanstalt Alexander Koch, Leinfelden-Echterdingen, ISBN 3-87422-622-0

Gestaltung von Messeständen, Basiswissen für Neulinge und fundierte Gestalter über effektvolle Standgestaltung, von Joachim Falcke, Bruckmann Verlag, München 1994, 95 S., ISBN 3-7654-2654-7

Schnelleinstieg ins Messemarketing

30 Minuten für den erfolgreichen Messeauftritt von Barbara Harbecke, Gabal-Verlag, 1999, ISBN 3-930799-94-4

Messe Manager, Konzept-Planung-Durchführung-Kontrolle, Christian Marquart, av-edition, Ludwigsburg 2000, ISBN 3-929638-37-1

Das professionelle 1x1 erfolgreicher Messeauftritte, Klaus Beckmann, Rolf Müller-Martin, Cornelsen Verlag, Berlin 2000, Hrsg. Internationale Congress Akademie, ISBN 3-464-49070-X

Messefachzeitschriften

designorientiert

AIT Architektur, Innenarchitektur, Technischer Ausbau, Verlagsanstalt Alexander Koch, Leinfelden-Echterdingen, Chefreaktion: Dr. Dietmar Danner, www.ait-online.de

Design Report, Blue C. Verlag, Stuttgart, Chefredaktion: Otto W. Geberzahn, www.design-report.de

Detail, Verlag Institut für Internationale Architektur-Dokumentation, München, Chefredaktion: Christian Schittich, www.detail.de

DBZ, Deutsche Bauzeitschrift, Bertelsmann Fachzeitschriften Verlag, Gütersloh, Chefredaktion: Burkhard Fröhlich, www.dbz.de

Frame, Bis Verlag, Amsterdam, Chefredaktion: Robert Thiemann, www.framemag.com

MD moebel interior design, Konradin Verlag Robert Kohlhammer, Leinfelden-Echterdingen, Chefredaktion: Ulrich Büttner, www.konradin.de

marketing-orientiert (mit Blick aufs Design)

m+a Report für Messen, Events und Marketing, m+a Verlag für Messen, Ausstellungen und Kongresse GmbH, Frankfurt am Main, Chefredaktion: Christiane Appel, christiane.appel@dfv.de, www.m-averlag.com

Expodata, Messe- und Eventmarketing International, Künzler Bachmann Direct AG, CH-St. Gallen, Chefredaktion: Dr. Urs Seiler, expodata@bluewin.ch, www.expodata.ch

messe & event, europäisches Magazin für die erfolgreiche Präsentation, N.J.Schmid Verlagsges.mbH, A-Wien, Chefredaktion: Christoph Berndl, c.berndl@redaktion-wien.at

wörkshop, Alles, was Werbern Erfolg bringt, GIT Verlag GmbH, Darmstadt, Jörg Peter Matthes und Gregor Krisztian (Hrsg.), Tel. 06151-80900, www.woerkshop.de

Messeseminare

Zahlreiche Angebote durch Unternehmensberater und Marketingprofis, Verbände und Institutionen im Internet zu finden unter Stichwort »Messeseminare«, »Messeschulung«

Informationen über IHKs, Famab (www.famab.de), Fachmedien (s. Fachzeitschriften)

Index
Adressen | Aussteller, Architekten, Designer, Agenturen, Messebauunternehmen

Altola | www.altola.ch
Konzeption/Design
 HEEB-net, Otmar Heeb, Postfach CH-8623 Kempten
 Tel. 004 11-930 13 33, Fax 004 11-930 00 21, www.heeb-net.ch

Messebau
 Fürst Messebau AG, Lachmatt 120, CH-4133 Pratteln
 Tel. 00 41 61-826 94 94, www.fuerst.ch

Alupak | www.alupak.ch
Design
 Basisidee
 Andrea Schenk, Britta Eikelmann
 Tel. 057 32-39 33, Schenk_Eikelmann@gmx.de

Design/Messebau
 überarbeitet von Creaworld Exhibition AG, Chris Heidrich und Urs Hofer
 Weitestr. 3, CH-4512 Bellach, Tel. 00 41 32-617 31 66, www.creaworld.ch

Amadee | www.amadee.de
Design
 Commserv GmbH, Senckenberganlage 10-12, 60325 Frankfurt/M.
 Tel. 069-75 30 66 30, www.commserv.de

Messebau
 Enjoy Witt + Roggenkamp, Friedrich-List-Str. 49, 33100 Paderborn
 Tel. 0 52 51-8 99 30

Anastassiadis | www.anastassiadis.com.br
Aussteller/Design
 Anastassiadis Arquitetos, Rua Ceará, 124, Pacaembu
 012 43-010 Sao Paulo-SP, Fax 00 55 11-36 62 25 45

Messebau
 Lock Engenharia Ltd., Sao Paulo

Aqualounge
Aussteller/Design
 sbp Seel Bobsin Partner, Eifestr. 396, 20537 Hamburg
 Tel. 040-25 49 45 54, Fax 040-25 49 45 55, www.sbpdesign.de

Messebau
 Fuhrmann Bühnentechnik, Köllner Weg 10, 25355 Bullenkuhlen
 Tel. 041 23-95 95 46, Fax 041 23-95 95 47

Aventis | www.aventis.com und www.pgpharma.com
Design
 Commserv GmbH, Senckenberganlage 10-12, 60325 Frankfurt/M.
 Tel. 069-75 30 66 30, www.commserv.de

Messebau
 Anders Messebau + Design GmbH, Rudolf-Diesel-Str. 2, 65719 Hofheim
 Tel. 061 22-913 70, Fax 061 22-91 37 73

Bisazza | www.bisazza.it
Design
 Fabio Novembre, Architetto, Via Mecenate 76, I-20138 Milano
 Tel. 00 39 02-50 41 04, Fax 00 39 02-50 23 75, www.novembre.it

boo.com | www.fashionmall.com
Design/Messebau
 mbco Messe Bauer Companions GmbH, Franz-Joseph.Str. 10
 80801 München, www.mbco.net

BW Bank | www.bw-bank.de
Design
 Uwe Münzing, Architekt, Johannesstr. 58, 70176 Stuttgart
 Tel. 07 11-63 16 68, Fax 07 11-636 21 77, umuenzing@gmx.de

Messebau
 Dietrich Dsiplay GmbH, Steinäckerstr. 16, 71292 Friolzheim
 Tel. 070 44 470, www.dictrichdisplay.de

Candle | www.candle.de
Design/Messebau
Design Company, Nymphenburgerstr. 58-60, 80335 München
Tel. 089-12 51 60, www.designcompany.de

Capricorn | www.capricorn.de
Konzeption
Beate Steil, Feldstr. 83, 40479 Düsseldorf
Tel. 02 11-355 87 07, b.steil@t-online.de

Design/Messebau
Burkhardt Leitner constructiv, Blumenstr. 36, 70182 Stuttgart
Tel. 07 11-255 88 33, www.burkhardtleitner.de

Ceramic Tiles | www.italtrade.com
Design
Mauk Design, Anna Hastings
Tel. 00 14 15-243 92 27, Fax 00 14 15-24 43 92 78, www.maukdesign.com

Messebau
Peak Exhibits, 11101 E 53rd Ave. Suite D, USA-Denver, Colorado 802239
Tel. 00 13 03-371 33 44

Novartis (Ciba/Sandoz) | www.novartis.ch
Design
Stefan Zwicky, Architekt BSA/SIA, Zweierstr. 35, CH-8004 Zürich
Tel. 004 11-298 34 00, mail@stefanzwicky.ch

Messebau
Schreinerei Giger, Gewerbezentrum, CH-8702 Zollikon, Tel. 004 11-391 85 83
und Strickler Reklamen, CH-8026 Zürich, Tel. 004 11-242 42 90

ComputerBild | www.asv.de, Axel Springer Verlag
Design
Atelier Holste, Altwarmbüchen, Hannoversche Str. 79,.
30916 Isernhagen, Tel. 05 11-90 16 40, AteHol@aol.com

Messebau
Ludwig Möbel & Objekte, Philipp-Reis-Str. 10, 31832 Springe
Tel. 050 41-94 60 10, Fax 050 41-946 01 20

Content Management | www.cm-ag.de
Design
Büro Thomas Müller, Kantstr. 149, 10623 Berlin
Tel. 030-313 51 79, Fax 030-31 50 63 09, www.buero-thomasmueller.de

DNS | www.dns-gmbh.de
Design/Messebau
Wenger & Wittmann, Keferloher Str. 27, 85540 Haar b. München
Tel. 089-462 30 40, Fax 089-46 23 04 40, www.wenger-wittmann.de

Eberhard | www.eberhard.ch
Konzeption/Design
HEEB und Ltd., Otmar Heeb, Postfach CH-8623 Kempten, Tel. 004 11-930 13 33, Fax 00411-930 00 21, www.heeb-net.ch

Messebau
Fürst Messebau AG, Lachmatt 120, CH-Pratteln, www.fuerst.ch

Electra | www.electra.com.pl
Design/Messebau
Piotr Wrobel, c/o Electra, Bronowicka 117, PL-31121 Krakow

entory | www.entory.com
Design/Messebau
fey messedesign objektdesign, Jürgen Fey, Claus Dieter Wolf
Buchbrunnenweg 16, 89081 Ulm
Tel. 07 31-96 77 00, www.fey-messedesign.de

ePropose | www.epropose.com
Design/Messebau
General Graphics Exhibits, Doug Donaldson, 695 Minnesota St.
USA-San Francisco, CA 94107, Tel. 00 14 15-641 36 00, www.gge.com

ET Team
Aussteller/Design/Messebau
E.T.Equipment Team GmbH, Agentur für (T)Rauminszenierung und
Design, Peter Strnad, Asemisser Allee 4, 33818 Leopoldshöhe
Tel. 052 02-980 30, www.et-gmbh.de

FH Köln – Lattenhöhle
Aussteller/Design/Messebau
FH Köln, Fachbereich Architektur, Prof. Jochen Siegemund, Betzdorfer Str. 2,
50679 Köln, Tel. 02 21-82 75 28 32, Fax 02 21-82 75 28 15,
jochen.siegemund@dvz.fh-koeln.de

FH Köln – Formbar
Aussteller/Design/Messebau
FH Köln, Fachbereich Architektur, Prof. Jochen Siegemund, Betzdorfer Str. 2
50679 Köln, Tel. 02 21-82 75 28 32, Fax 02 21-82 75 28 15,
jochen.siegemund@dvz.fh-koeln.de und www.r-leben.de

Goldhelm GesmbH | Wels, Tel. 00 43 72 42-66 36 60
Design/Messebau
Blu donau Projects, In der Hofmühle 21, A-4053 Haid
Tel. 00 43 72 27-59 15, www.bludonau.at

Heggenstaller/Lignatur | www.heggenstaller.de, www.lignatur.ch
Design
  Hartmannich, Andrea Hartmann, Rankestr. 6a, 80796 München
  Tel. 089-30 76 68 90, www.hartmannich.de

Messebau
  Achim Mannich und Schreinerei Paul Färber, In der Beide 8
  86709 Wolferstadt, Tel. 090 92-56 00

Heuger Blumen | www.heuger-blumen.de
Design
  Krüger Kommunikation, Schlossstr. 60, 49080 Osnabrück
  Tel. 05 41-890 15, design@krueger-kommunikation.com

Messebau
  Hinrichs FotoFactory, Raiffeisenstr. 21, 49124 Georgsmarienhütte,
  www.fotofactory.de

hmi Informatik AG | www.hmi.ch
Design/Messebau
  Edy Brunner, Concept + Design, Einsiedlerstr. 30, CH-8820 Wädenswil
  Tel. 004 11-780 22 66, Fax 004 11-780 25 44 edy.brunner@gmx.net

Indian Motorcycle | www.indianmotorcycle.com
Design/Messebau
  Atelier Damböck Messebau GmbH, Oskar-von-Miller-Ring
  85464 Neufinsing bei München, Tel. 081 21-97 50, www.damboeck.de

Interface | www.interfaceeurope.com/de, Egbert Priebel
Konzeption
  Zenon concept GmbH, Mehringdamm 33, 10961 Berlin
  Tel. 030-617 91 00, www.zenon-concept.de

Design
  Tromberend und Bathen, Hindenburgstr. 104, 21335 Lüneburg
  Tel. 041 31-39 11 12, Tromberend@aol.com

Jordan Mozer & Associates | www.mozer.com
Messebau (Stuck)
  Martin Ranft, Mattias Grünewald Str. 25, 65428 Rüsselsheim
  Tel. 061 42-554 22

Kappa Packaging | www.kappapackaging.com
Design
  Braun Wagner, Krefeleder Str. 147, 52070 Aachen
  Tel. 02 41-997 39 60, www.braunwagner.de

Konzeption
  Assenmacher Network GmbH, Komödienstr. 44, 50667 Köln
  Tel. 02 21-912 08 10, www.assenmacher.net

Messebau
  Intersystems Corporate Presentation, Wiesenstr. 16, 40549 Düsseldorf
  Tel. 02 11-568 53 32, www.intersystems-cp.de

Kalamazoo | www.kalamazoo.nl
Design/Messebau
  Wit Design bv, Nieuwe Tijningen 7, NL-5300 AG Zaltbommel
  Tel. 003 14 18-66 70 10, Fax 003 14 18-51 50 85, www.witdesign.nl

Koleksiyon | www.koleksiyon.com.tr
Design
  Stefan Zwicky, Architekt BSA/SIA, Zweierstr. 35, CH-8004 Zürich
  Tel. 004 11-298 34 00, mail@stefanzwicky.ch

Messebau
  Koleksiyon Mobylia, Istanbul und Strickler Reklamen, CH-8026 Zürich
  Tel. 004 11-242 42 90

KPMG | www.kpmg.de
Design/Konzeption
  KMS Team, Deroystr. 3-5, 80335 München
  Tel. 089-49 04 11 67, www.kms-team.de

Architektur
  Schmidhuber + Partner, Nederlinger Str. 21, 80638 München
  Tel. 089-157 99 70, www.schmidhuber.de

Messebau
  Ernst F. Ambrosius + Sohn, In der Au 4-12, 60489 Frankfurt/M
  Tel. 069-789 10 10, www.ambrosius.de

Kunzweiler
Aussteller/Design/Messebau
  A.J.Kunzweiler GmbH, Grenzstr. 20-24, 79576 Weil am Rhein
  Tel. 076 21-981 60, www.kunzweiler.com

Leonardo | www.leonardo.de
Konzeption/Design
  Melanie Weisweiler, Bahnhofstr. 26, 72138 Kirchentellinsfurt
  Tel. 071 21-90 97 50, Fax 071 21-909 75 10, www.melanieweisweiler.de

Messebau
  Hillebrand Innenausbau, Brunnenstr. 29, 33014 Bad Driburg
  Tel. 052 53-32 93

LFF | www.lff.de
Design
Wolfgang Körber, Eulerweg 4c, 42659 Solingen
Tel. 02 12-81 90 00, w.koerb1219@aol.com
Messebau
Schlosserei Frank Heinhaus, Konrad-Adenauer-Str. 78, 42651 Solingen
Tel. 02 12-224 10 53

Lignatur | www.lignatur.ch
Design
reForm Roland Eberle, Geroldstr. 11, CH-8005 Zürich
Tel. 004 11-271 97 31, Fax 004 11-271 97 35
Messebau
Gläser AG, Im Grund 16, CH-5405 Baden-Dättwil

LK LichtDesign | www.lichtdesign-klangkonzept.de
Design/Messebau
Atelier Seitz GmbH, Birkenstr. 28, 85467 Niederneuching
Tel. 0 81 23-93 05 35, www.atelierseitz.de

Love Plates | www.plates.de
Konzeption
Melanie Weisweiler, Bahnhofstr. 26, 72138 Kirchentellinsfurt
Tel. 071 21-90 97 50, Fax 071 21-90 97 51 www.melanieweisweiler.de
Design
Melanie Weisweiler, Weiterentwicklung durch
Braun Wagner, www.braunwagner.de
Messebau
Display International Schwendinger GmbH + CoKG, Krefelder Str. 32
52146 Würselen, Tel. 0 24 05-46 10, Fax 0 24 05-9 52 28

m+a Verlag | www.m-averlag.com
Design
Krüger Kommunikation, Schlossstr. 60, 49080 Osnabrück
Tel. 05 41-8 90 15, design@krueger-kommunikation.com
Messebau
Conform Messe- und Ausstellungsbau GmbH, Kleine Heide 16, 33790 Halle
Tel. 052 01-8 73 00, Fax 052 01-87 30 10

Mascioni | www.mascioni.it
Design
Studio D'Architettura Simone Micheli, Via Novelli 43, I-50135 Firenze
Tel. 00 39 055-60 56 79, Fax 00 39 055-61 92 45, www.simonemicheli.com
Messebau
Barberini Allestimenti, Valle Cesano 28, I-60010 Ponterio di Monterado
Tel. 00 39 071-7 95 05 11, barberini@barberiniallestimenti.it

MesseBauer
Design/Messebau
mbco Messe Bauer Companions GmbH
Franz-Joseph.Str. 10, 80801 München
Tel. 089-38 01 90, Fax 089-38 01 90 90, info@mbco.net, www.mbco.net

Metzler Brillen | www.metzler-design.com und www.lumen-eyewear.com
Design/Messebau
Design Company, Nymphenburgerstr. 58-60, 80335 München
Tel. 089-12 51 60, www.designcompany.de

Mono | www.mono.com
Design/Messebau
D'Art Design Gruppe, Kulturbahnhof Norf, Bahnstr. 33, 41469 Neuss
Tel. 0 21 37-91 07 30, Fax 0 21 37-91 07 44, www.d-art-design.de

Monti-Crawatte | www. monti.to
Design
Klaus Bürger Innenarchitektur, Tönisbergerstr. 67, 47839 Krefeld
Tel. 021 51-73 60 05, www.k-buerger.de
Messebau
Deco-Service Lenzen GmbH, Im Rohweiher 47, 53797 Lohmar
Tel. 022 05-90 60, www.deko-serv.de

Moormann Möbel
Aussteller/Design/Messebau
Moormann Möbel-Produktions- und Handels GmbH, Festhalle
83229 Aschau i. Chiemgau, Tel. 080 52-9 04 50, www.moormann.de

NZZ | www.nzz.ch, Jürg Kellner
Design
Reinhard Design AG, Edgar Reinhard, Rütistr. 76
CH-8044 Zürich- Gockhausen, reinharddesign@access.ch
Messebau
Fürst Messebau AG, Lachmatt 120, CH-4133 Pratteln
Tel. 00 41 61-8 26 94 94, www.fuerst.ch

Palladium | www.related.com
Design
Lorenc+Yoo Design, 109 Vickery Street, USA-Roswell, GA 30075-4926
Tel. 001 770-645 28 28, www.lorencyoodesign.com
Messebau
Geograph Industries, George Freudiger, 475 Industrial Drive
USA-Harrison, OH 44503, Tel. 00 15 13-202 92 00

Parx | www.parx.ch
Design
   Martin Birrer, Designer
   Mattenenge 4, CH-3011 Bern, mbirrer@bluewin.ch
Konzeption
   samt & sonders, Atelier für Kommunikation, Humboldstr. 9, CH-3011 Bern
   samtundsonders @smile.ch
Messebau
   Sagi Belpberg GmbH, CH-3124 Belpberg
   Tel. 00 41 31-819 73 77, info@sagi.ch

Profidata | www.profidatagroup.ch
Design/Messebau
   Creaworld Exhibition AG, Urs Hofer, Weitestr. 3, CH-4512 Bellach
   Tel. 00 41 32-617 31 66, Fax 00 41 32-617 31 6, www.creaworld.ch

Ramlau/Siebert | www.ramlau-siebert.de
Design/Messebau
   Cebra GmbH + CoKG für Beratung + Realisierung von Ausstellungen
   Bernhard Hendrix, Am Lindenberg 2, 38442 Wolfsburg
   Tel. 0 53 61-84 00, www.cebra.de

Rhenus | www.rhenuslubweb.de
Design
   Werkhof AG für Konzept und Umsetzung, Richard Präger, Josefstr. 20
   CH-8005 Zürich, Tel. 00411-448 22 44, www.werkhof.ch
Messebau
   Winkels Messe- und Ausstellungsbau GmbH, Boschstr. 2
   47533 Kleve, Tel. 0 28 21-7 27 30

Rotring | www.rotring.de
Design/Messebau
   Arno Design, Friedrichstr. 9, 80801 München
   Tel. 089-380 19 40, Fax 089-33 71 08, www.arno-design.de

Rutenbeck Fernmeldetechnik | www.rutenbeck.de
Design
   Atelier Holste, Altwarmbüchen, Hannoversche Str. 79, 30916 Isernhagen
   Tel. 0511-901640, AteHol@aol.com
Messebau
   Ludwig Möbel & Objekte, Philipp-Reis-Str. 10, 31832 Springe
   Tel. 050 41-94 60 10, Fax 050 41-946 01 20

Schüschke | www.schueschke.de
Design
   spek Design, Patrick Sauter, Eberhard Kappler, Silvia Schlecht
   Schopenhauerstr. 39, 70565 Stuttgart, Tel. 07 11-74 54 31 30,
   www.spekdesign.de
Messebau
   Das Schauwerk, Benzstr. 15, 71701 Schwieberdingen
   Tel. 071 50-9 18 60

Seiko | www.seikoeyewear.com
Design
   Sprick Creative Inc., 15127 NE 24th St., Suite 493, USA-Redmond
   WA 98052, Tel. 00 14 25-836 19 91, www.sprickcreative.com
Messebau
   Exponents Inc., USA-San Diego

sound+light | www.sound-light.de
Design
   spek Design, Schopenhauerstr. 39, 70565 Stuttgart
   Tel. 07 11-774 54 31 30, www.spekdesign.de
Messebau
   Raumtechnik Messebau, Wittumerstr. 3, 73760 Ostfildern
   Tel. 0711-4 40 10, www.raumtechnik.com

Swisscom | www.swisscom.ch
Design
   Studio für Innenarchitektur und Konzeption, Harry Schaffer
   Laufenstr. 165, CH-4053 Basel
   Tel. 00 41 61-331 57 54, studioschaffer@access.ch
Messebau
   Ed. Borer AG, Wiesenstr. 10, CH-4057 Basel, Tel. 00 41 61-631 11 15

Systemfabrik | www.systemfabrik.com
Design
   GfG/Gruppe für Gestaltung Bremen, Am Dobben 147, 28203 Bremen
   Tel. 04 21-338 68 00, www.gfg.bremen.de
Messebau
   Burka Messebau Fullservice, Im Kampe 23, 31008 Wülfingen
   Tel. 050 68-9 29 20, Fax 050 68-92 92 50

Together Soft | www.togethersoft.de
Design/Messebau
   fey messedesign objektdesign, Jürgen Fey, Richard Uitz
   Buchbrunnenweg 16, 89081 Ulm
   Tel. 07 31-96 77 00, www.fey- messedesign.de

Viviance | www.viviance.com
Design
  Werkhof AG für Konzept und Umsetzung, Richard Präger, Josefstr. 20
  CH-8005 Zürich, Tel. 004 11-448 22 46, Fax 004 11-448 22 33,
  www.werkhof.ch

Wallmedien | www.wallmedien.de
Design/Messebau
  Raumschiff interactive GmbH, Barmbeker Str. 3a, 22303 Hamburg
  Tel. 040-278 70 60, Fax 040-270 00 03, www.raumschiff.de

Waltham | www.vetdiet.com
Design
  Dirk Bachmann-Kern, Innenarchitekt, Woldemarstr. 32, 32756 Detmold
  Tel. 052 31-3 34 42, dirk@bachmann-kern.de
Messebau
  Frank Sellmann, Tischlerei + Innenausbau, Bromberg 6A, 32683 Barntrup,
  Tel. 052 62-99 30 21

Wild+Küpfer | www.wildkuepfer.ch
Design
  Reinhard Design, Rütistr. 76, CH-8044 Zürich-Gockhausen
  Tel. 004 11-882 25 35, Fax 004 11-882 25 33 reinharddesign@access.ch
Konzept
  HEEB-net., Otmar Heeb, Postfach CH-8623 Kempten
  Tel. 00411-930 13 33, Fax 004 11-930 00 21, www.heeb-net.ch
Messebau
  Fürst Messebau AG, Lachmatt 120, CH-4133 Pratteln
  Tel. 00 41 61-826 94 94, www.fuerst.ch

Bücher von Ingrid Wenz-Gahler in der Verlagsanstalt Alexander Koch

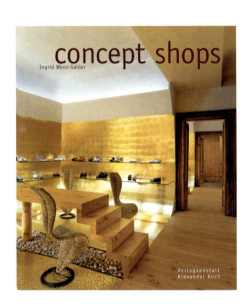 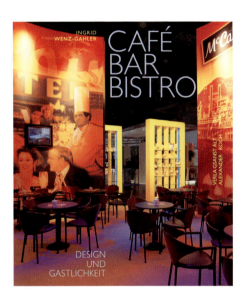 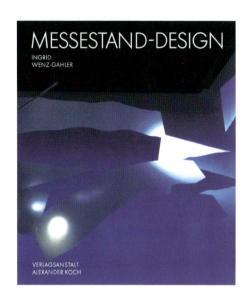

Noch nie hat sich die Einzelhandelswelt so drastisch geändert wie in den vergangenen Jahren. Der klassische Einzelhandel ist dringend gefordert, seine Marketingstrategien und gestalterischen Konzepte zu überdenken. Dass es bereits gute und erfolgreiche Konzepte gibt, zeigt dieses Buch von Ingrid Wenz-Gahler: Über vierzig Fachgeschäfte unterschiedlicher Branchen und Ausrichtungen aus den verschiedensten Ländern unserer Welt zeigen, wie fantasievoll Produkte präsentiert werden und Läden mit Leben erfüllt werden können, um Kunden eine Plattform für Information, Kommunikation, Erlebnis und Träume zu bieten und dadurch eine neue Form der Geschäftsbeziehung aufgebaut werden kann.

56 ungewöhnliche Cafés, Bars, Bistros in Europa und Amerika werden vorgestellt. Die Erläuterungen geben Aufschluss über die Architekturideen: sensibel und schön, innovativ und inspirierend. Sensibel verwendete Materialien und Licht faszinieren in diesen Bars und Cafés ebenso wie multimediale Ereignisse. Lassen Sie sich vom Design und den Marketingideen dieser Treffpunkte in aller Welt inspirieren.

In über 80 Messestand-Beispielen wird die Messeszene von der Produktpräsentation bis zum Erlebnis-Messestand sichtbar. Messekonzeptionen und Architekturideen werden durch Standdaten angereichert und machen den Messeauftritt nachvollziehbar. Im Textteil finden besondere Themen Beachtung wie: Konzeption, Kommunikation, Messeerfolg, Messetrends, Weiterbildung. Die Autorin legt damit ein Werk vor, das die Verbindung zwischen Messestand-Architektur und ganzheitlichem Marketing aufzeigt und Lösungsmöglichkeiten aus der Praxis für die Praxis in Text und Bild vorstellt.

Concept Shops
*Ladendesign für Erlebnis, Emotion und Erfolg.
Von Ingrid Wenz-Gahler.*

*192 Seiten mit 320 Farbfotos, Plänen und Zeichnungen. Deutsch/Englisch.
Format 24,5 x 28,5 cm.
Fester Einband mit Schutzumschlag.
ISBN 3-87422-644-1*

Café, Bar, Bistro
*Design und Gastlichkeit.
Von Ingrid Wenz-Gahler.*

*192 Seiten mit 330 Fotos, 47 Plänen.
Text in Deutsch und Englisch.
Format 24,5 x 28,5 cm.
Fester Einband mit Schutzumschlag.
ISBN 3-87422-638-7*

Messestand-Design
*Temporäres Marketing- und Architekturereignis.
Von Ingrid Wenz-Gahler*

*241 Seiten mit 552 Fotos,
Plänen und Zeichnungen.
Format 24,5 x 28,5 cm.
Fester Einband mit Schutzumschlag.
ISBN 3-87422-622-0*

Bücher in der Verlagsanstalt Alexander Koch

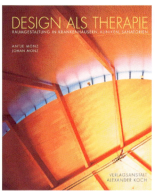
ISBN 3-87422-627-1

ISBN 3-87422-626-3

ISBN 3-87422-646-8

ISBN 3-87422-643-3

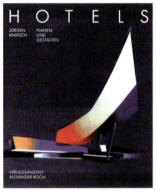
ISBN 3-87422-610-7

ISBN 3-87422-622-0

ISBN 3-87422-639-5

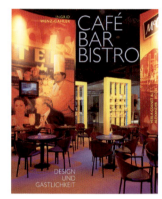
ISBN 3-87422-638-7

ISBN 3-87422-637-9

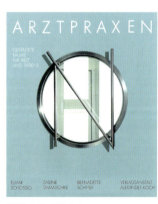
ISBN 3-87422-619-0

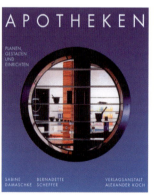
ISBN 3-87422-641-7

ISBN 3-87422-644-1

ISBN 3-87422-636-0

ISBN 3-87422-642-5

ISBN 3-87422-630-1

ISBN 3-87422-640-9